LE DÉPARTEMENT

DE

CONSTANTINE

ARCHÉOLOGIQUE & TOURISTIQUE

PAR

E. THÉPENIER O I U

1er Vice-Président de la Société Archéologique
Secrétaire du Syndicat d'Initiative de Tourisme

Ouvrage contenant 144 Pages — 33 Similis
et les Plans des Villes de Constantine, Timgad et Djemila

1927

PRIX : 6 FRANCS

Le Département de Constantine
ARCHÉOLOGIQUE & TOURISTIQUE

PAR

E. THÉPENIER O I

Vice-Président de la Société Archéologique

Secrétaire du Syndicat d'Initiative de Tourisme

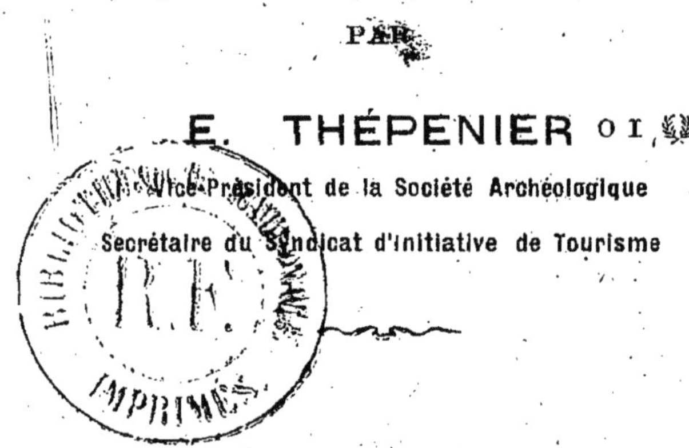

Ouvrage contenant 144 Pages — 33 Similis

et les Plans des Villes de Constantine, Timgad et Djemila

1927

IMPRIMERIE — PAPETERIE — RELIURE
Vve D. BRAHAM
TRAVAUX SUR MACHINES LINOTYPES

TABLE DES MATIÈRES

AVANT-PROPOS

Nous avons condensé dans cet opuscule destiné
à mieux faire connaître notre belle Algérie et le
département de Constantine, un peu de son
histoire et quelques-unes de ses merveilles tant
archéologiques que touristiques.

Quelques sites seuls sont dépeints sommaire-
ment en raison du cadre restreint dans lequel
nous sommes tenus à évoluer; mais on peut dire
que l'Algérie entière et l'antique Numidie en particulier, sont remplis de ces paysages incompara-
bles, enjolivés par la nature et son ciel d'azur
irradié de mille flèches d'or.

Du littoral avec ses sombres forêts et la verdure
de ses vignobles, en passant par les Hauts-Pla-
teaux aux blondes moissons, jusqu'au Sahara
avec ses oasis aux palmeraies sommeillant au
milieu des sables, l'enchantement est continuel.

E. T.

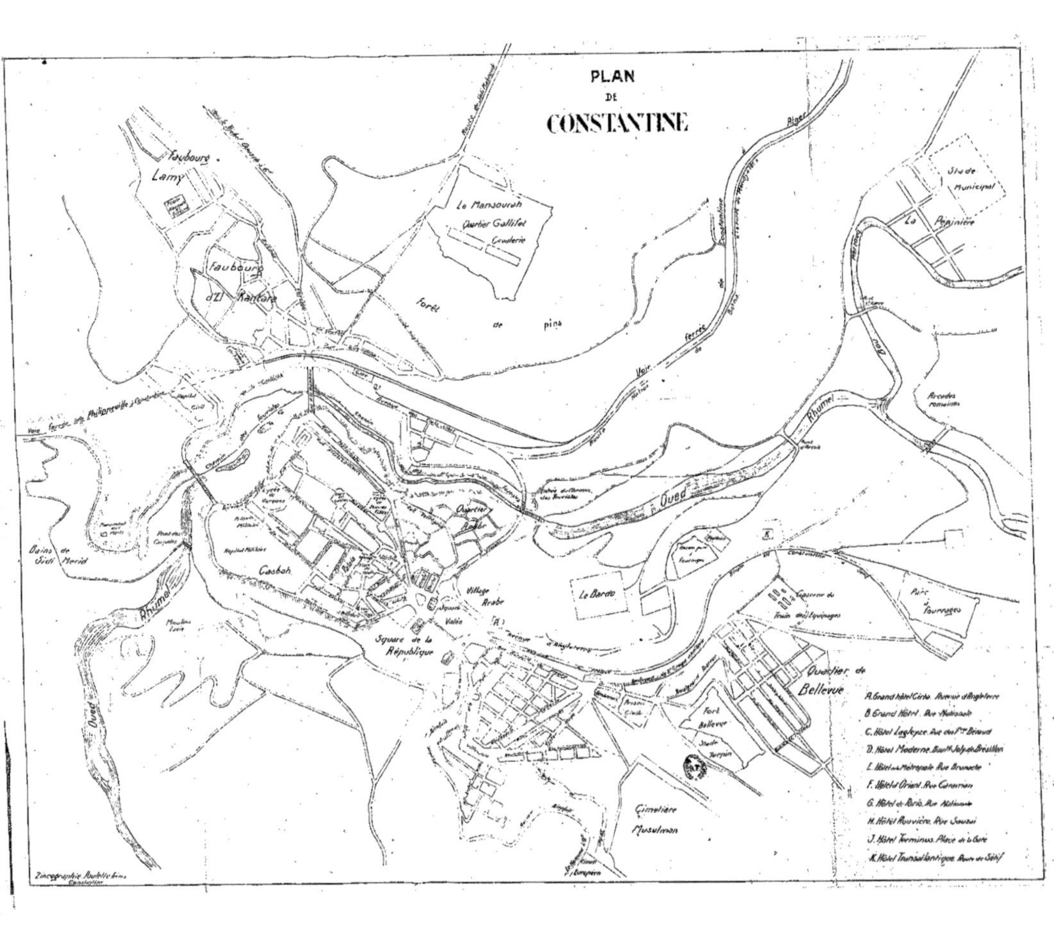

PLAN
DE
CONSTANTINE
Faubourg Lamy
Faubourg d'El Kantara
Le Mansourah
Quartier Gallifet
Cavalerie
Forêt de pins
Ile de Municipal
La Pépinière
Alger
Rhumel
Arcades romaines
Oued
Bains de Sidi Mcid
Rhumel
Moulins Lavie
Casbah
Quartier Perrégaux
Village Arabe
Le Bardo
Square de la République
Caserne de Train et Equipages
Parc à Fourrages
Quartier de Bellevue
Fort Bellevue
Cimetière Musulman
A. Grand hôtel Cirta. Avenue d'Angleterre
B. Grand Hôtel. Rue Nationale
C. Hôtel Leglyeze. Rue des Fr. Béraud
D. Hôtel Moderne. Boul. Joly de Brésillon
E. Hôtel de la Métropole. Rue Brunache
F. Hôtel d'Orient. Rue Caraman
G. Hôtel de Paris. Rue Nationale
H. Hôtel Rouvière. Rue Souzai
J. Hôtel Terminus. Place de la Gare
K. Hôtel Transatlantique. Route de Sétif
Zincographie Roudetre frères Constantine

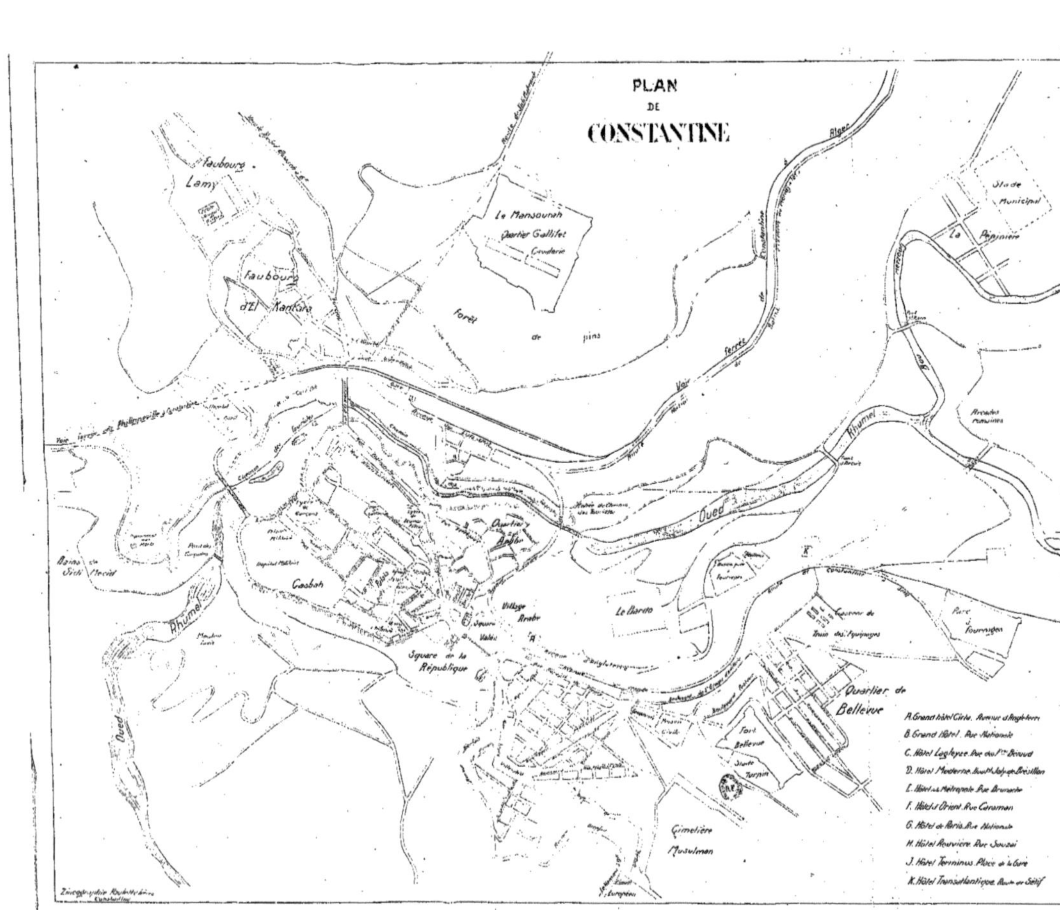

PLAN
DE
CONSTANTINE
Faubourg Lamy
Faubourg d'El Kantara
Le Mansourah
Quartier Gallifet
Gendarie
Forêt de pins
Stade Municipal
Le Pépinière
Alger
Rhumel
Oued
Arcades romaines
Voie ferrée de Philippeville à Constantine
Bains de Sidi Mecid
Rhumel
Moulins Lavie
Casbah
Quartier Arabe
Village Arabe
Le Bardo
Square de la République
Cimetière Musulman
Caserne de Train des Equipages
Parc Fourrages
Quartier de Bellevue
Fort Bellevue
Stade Turpin
A. Grand hôtel Cirta, Avenue d'Angleterre
B. Grand Hôtel, Rue Nationale
C. Hôtel Laghzee, Rue du S.t Deroud
D. Hôtel Moderne, Boul.d Joly et Bresillon
E. Hôtel de Métropole, Rue Brunache
F. Hôtel de Orient, Rue Caraman
G. Hôtel de Paris, Rue Nationale
H. Hôtel Rouvière, Rue Souzai
J. Hôtel Terminus, Place de la Gare
K. Hôtel Transatlantique, Route de Sétif
Zincogravisie Rechetterée

CONSTANTINE

L'aspect général de Constantine est à peu près celui d'un trapèze, en pente très accentuée, du Sud au Nord et dont l'attitude va de 590 mètres à 644, point culminant situé à l'angle Nord. Les quatres angles de cette figure géométrique se trouvent aux quatre points cardinaux.

Constantine est à 464 kilomètres d'Alger, à 465 de Tunis, à 87 de Philippeville, son port le plus proche, à 219 de Bône, à 240 de Biskra et à 457 de Touggourt. A travers les millénaires, la vieille cité a conservé malgré les guerres et les révolutions son titre de capitale. Elle est restée le chef-lieu du département qui porte son nom et a gardé aussi à travers les siècles son renom commercial. Malgré la diffusion des marchés à l'intérieur, par suite des ramifications ferroviaires, elle est restée le centre de l'attraction du commerce de toute la province pour les tissus, les sucres, les cafés, les épices, les matières tinctoriales, etc..., et son chiffre d'affaires atteint annuellement plusieurs centaines de millions. Son prestige s'exerce toujours non seulement sur tous les indigènes de la région, mais encore sur ceux de l'extrême Sud et de la Tunisie, et il n'est pas rare de voir même ceux du littoral venir faire leurs emplettes dans la ville, malgré que les marchandises soient déjà grevées du transport depuis le port de débarquement.

L'aspect de Constantine est celui d'une presqu'île bordée des côtés Nord et Est par un ravin, gigantesque fissure creusée par un énorme séisme peut-être à la période tertiaire. Les eaux ont ensuite usé, limé, égalisé, rongé la roche pour en faire le lit d'un fleuve qui, entrant dans la gorge par le point le plus bas du plateau rocheux dans la coupure qui a à cet endroit environ 80 mètres de profondeur, sort de l'abîme par des cascades magnifiques à la saison des pluies, après avoir léché les roches de son lit que surplombent les rocs de plus de 200 mètres de haut.

Ce fleuve, l'antique Amsaga, est aujourd'hui le Rhumel; lorsque les orages le gonflent, il se précipite et se brise à travers les blocs qui étranglent son parcours. Obscur, il coule sous trois voûtes immenses ayant plus de 100 mètres de hauteur et en sort avec fracas par une chute de 50 mètres environ, puis, de là, il court plus calme, dans la plaine pour, après un nouveau parcours, se perdre encore vers l'horizon dans les gorges du Kreneg, de même formation. Là, il y contourne, mais sur la face est, le plateau sur lequel se trouvent les ruines de l'antique oppidum numidico-punique de Tiddi, une des officines de potiers d'où sortirent une partie des tuyaux d'adduction des eaux à travers Cirta.

La position de Constantine dans ce site privilégié que nous venons de décrire, devait forcément inciter l'homme primitif à s'établir sur une position si bien défendable. Aussi loin que l'on remonte dans la nuit des temps, on possède la certitude de cet habitat. Nous n'avons pas la prétention d'avancer qu'on en a trouvé la trace même sur le roc sur lequel repose la ville. Les constructions et les nivellements de toutes les époques en firent disparaître les vestiges. On ne peut les retrouver que dans les lieux restés à l'état naturel, c'est-à-dire dans les grottes qui tapissent les parois du soulèvement calcaire, notamment dans la grotte des Ours (fouilles DEBRUGE) où les débris quaternaires des animaux voisinaient avec ceux de l'homme, son contemporain. On peut, toutefois, affirmer que le plateau rocheux qui supporte Constantine formait, comme encore aujourd'hui le révèlent les travaux de construction, des assises placés sur l'inclinaison Nord-Sud, et qu'entre les bancs de stratification se trouvaient des grottes (voir la grotte de l'Hôtel de Paris) dans lesquelles les êtres humains se trouvaient abrités des vents du Nord.

Vue Générale - Le Pont de Sidi Rached

Mais la civilisation devait se perfectionner sur
ce rocher; l'homme des cavernes s'y construisit
des huttes puis des maisons. Il s'entoura d'une
muraille pour sa sécurité. La famille avait formé
la tribu, la tribu la peuplade. De ce que nous
savons de plus lointain dans l'histoire, nous
avons appris que les Numides habitaient la
région. A une époque très éloignée, certes, plus
de 1.000 ans avant notre ère, ils entrèrent en
contact avec les Phéniciens qui établirent des
comptoirs et une citadelle dans ce lieu qui fut
dénommé Cirta. L'étymologie de ce nom qui
paraît la plus plausible proviendrait de la langue
des nouveaux occupants. Qert ou Qart en
phénicien signifie ville; donc la ville supérieure,
la ville par excellence, celle qui était si merveilleusement défendue. Le même mot se retrouve du
reste dans le nom de Carthage: Qart-hadach, la
ville neuve, et aussi dans Carthagène. La venue
des Phéniciens à Cirta est amplement démontrée
par un mur construit en énormes pierres à
bossage, noirci par des pluies millénaires et qui
soutient le terre-plein de la cour des Zouaves à
la Casbah (ce mur est très visible du commencement du boulevard de l'Abîme), et par de très
nombreuses stèles votives recueillies pendant
plus d'un demi-siècle, à différents endroits, sur
une étendue de plus de 1.500 mètres à l'Ouest de
la ville, depuis les bords du Rhumel jusqu'au
cimetière européen. Toutes ces stèles mentionnant des invocations au grand dieu de Phénicie
et de Carthage, Baal-Hanmon, le soleil rayonnant.

M. Bosco, après de patientes recherches, nous a révélé l'existence d'une immense nécropole de ce peuple dans les roches et cavernes du Mansourah.

Cette civilisation, plutôt commerciale, suffisait aux besoins des peuples primitifs auxquels elle s'adressait. Des rois régnèrent à Cirta: Syphax, Gula, Massinissa. Avec ce dernier c'était l'introduction de l'élément romain pour satisfaire ses ambitions qui étaient de s'emparer de Carthage. Mais les Romains, redoutant de laisser créer en Afrique un royaume trop puissant qui aurait été pour eux une gêne, firent bien campagne avec Massinissa qui mourût en 149, mais prirent pour eux Carthage trois ans après (printemps de 146). Les circonstances les obligèrent à agrandir leurs possessions nouvelles, et aux temps de l'empire, ils possédaient toute l'Afrique du Nord, depuis l'Egypte jusqu'au Maroc.

Cirta avait déjà connu des embellissements aux temps de Massinissa et de son fils Micipsa, qui avaient fait venir, à cet effet, des artistes grecs. Mais il semble que ces gens ne vinrent pas de Grèce mais simplement de Carthage. Ce qui le démontre, c'est une stèle phénicienne que j'ai trouvée, il y a deux ans, qui a la forme et les attributs de toutes les stèles puniques, mais qui porte son inscription en langue et en caractères grecs. Il y a donc lieu de supposer que ce petit monument remonte à l'époque des deux rois numides précités et qu'elle a été érigée par un de ces ouvriers d'art qu'ils avaient mandés auprès d'eux. Cirta, couverte de palais et de temples, s'embellit encore après son occupation par le général romain Sittius. Elle eut au moins un forum sinon deux: l'un où se trouve la place du Palais et qui était peut-être le forum des marchands, et l'autre sur la place qui s'étend devant le Théâtre et l'Hôtel des Postes et qui était orné des temples de Vénus, de Pallas, etc..., et de nombreuses statues d'empereurs, d'hommes et de femmes de la cité.

Mais Cirta qui avait déjà subi tant de sièges — elle en a vu à notre époque quatre-vingts depuis qu'il est une histoire — ne pouvait jouir longtemps des bienfaits de la paix. En 306, six empereurs régnaient à la fois sur le monde connu; un septième avait été élevé à la pourpre sur le trône d'Afrique par les soldats: c'était le gouverneur Alexandre, homme faible et pusillanime. Maxence, qui régnait à Rome, envoya contre lui Volusianus, son préfet du prétoire, qui vainquit Alexandre, s'empara de la ville et la saccagea (311). Alexandre s'enfuit mais fut étranglé à Carthage. Constantin le Grand, ayant vaincu et tué Maxence, au pont Milvius, près de Rome, reçut vraisemblablement en 313 une députation d'habitants de Cirta qui lui demandèrent la reconstruction de leur ville. Elle fut donc relevée, rendue encore plus magnifique qu'elle n'était, disent les historiens, et prit du nom de son bienfaiteur, celui de Constantine. Ensuite, ce fut la chute de l'empire romain d'Afrique sous les coups des Donatistes et des Vandales. Ces derniers, sachant probablement la situation très forte de Constantine et pour ne pas s'y attarder dans un long siège, ne parurent jamais devant ses murs.

Les Byzantins passèrent, chassant et anéantissant les Vandales. Puis ce fut l'invasion arabe qui, en 698, pénétrait à travers la Tunisie actuelle, mettant tout à feu et à sang. Il fallut de longues années pour asseoir cette nouvelle puissance que les Turcs remplacèrent au XV° siècle. Nous ne voulons pas parler de la période des beys qui se sont succédés sur le trône, car ne n'est qu'un long imbroglio avec ses tragédies de palais et son tissu de massacres et de spoliations. Nous arrivons au règne du dernier souverain, El Hadj Ahmed, qui remplaça sur le trône Manamani qui avait été exilé (1826), c'était un renégat d'origine italienne qui ne gouverna pas sans gloire. Douze ans plus tard commençait la conquête de l'Algérie par la France. La chute d'Alger (5 juillet 1830) provoqua un grand émoi à Constantine.

La grande occupation d'El Hadj Ahmed fut, pendant son règne, de se faire construire un palais, monument qui existe toujours sur la place de ce nom et qui sert de logement au général de division et à divers services. Nous décrirons plus loin cet édifice, continuant, pour l'instant, l'histoire de Constantine.

L'extension de la conquête française nécessitait un point d'appui vers l'Est. Bône avait bien été occupée, mais c'était un poste isolé sans relations avec l'intérieur.

Le bey El Hadj Ahmed, délivré par la France
de l'obédience au dey d'Alger, s'était gonflé
d'orgueil. Il avait obtenu de la Sublime Porte le
titre de pacha. Cependant, il était inquiet, il
prévoyait que bientôt l'armée française se
rendrait sous les murs de sa capitale. Dès le mois
de juin 1836, une colonne sous les ordres du
commandant Yusuf, atteignit les ruines de
Calama et y établit un camp qui devait servir
plus tard d'embryon à la ville de Guelma. Le bey
de Constantine chercha, sans succès, à inquiéter
ces troupes. Le maréchal Clauzel organisait
pendant ce temps, à Bône, l'expédition qui ne
quitta les environs de cette ville que le 9
novembre. La saison était pluvieuse ce qui nuisit
à la marche du convoi. La petite armée se
composait de 8.000 hommes de troupes de toutes
armes. Elle atteignit Guelma le 15 novembre
pour arriver devant Constantine le 21 par un
froid intense. La saison était trop avancée, les
soldats, harassés, trempés jusqu'aux os, à moitié
gelés, étaient vaincus d'avance par les éléments.

Après un essai infructueux pour faire sauter
la porte d'El-Kantara, et quelques engagements
qui n'étaient pas sans succès, en raison du
mauvais temps persistant, il fallut songer à la
retraite en abandonnant les blessés, faute de
transports; obligées de faire tête à des nuées
d'indigènes, les troupes se conduisirent vaillam-
ment mais subirent des pertes sensibles. Elles
rentrèrent à Bône le 1er décembre. Tout était à

recommencer l'année suivante, mais en évitant les fautes de la première expédition. On devança la date de la mise en marche et l'armée expéditionnaire qui comprenait cette fois plus de 12.000 hommes avec un important parc de siège, se mit en route le 1er octobre 1837; le 5 elle était devant Constantine et commençait ses préparatifs malgré une pluie glaciale. Enfin le 9, l'ouverture du feu eut lieu. C'était en vain que les assiégés tentèrent plusieurs sorties, ils furent repoussés. Le 11, une sommation fut envoyée par le maréchal Damrémont, commandant en chef, à la ville. Benaïssa, qui y commandait, répondit fièrement: « Si vous manquez de poudre, nous vous en donnerons; si vous manquez de pain, nous vous en enverrons, mais les Français n'entreront dans la ville que quand nous aurons tous été tués ». Le feu des batteries de brèche commença alors. Le 12, à 8 heures du matin, Damrémont voulut se rendre compte de la situation. Il s'avança jusqu'à une batterie établie à 400 mètres de la place. Il discutait avec son état-major lorsqu'un boulet l'atteignit en plein corps. Le commandement passa au général Valée. Les troupes étaient désireuses de venger la mort de leur chef. Le 12 au soir, la brèche était ouverte dans la muraille et était praticable, et le 13 au matin, les dispositions étaient prises pour l'assaut.

Statue de Lamoricière

La première colonne, celle Zouaves, commandée par le colonel Lamoricière, partie en tête, parvint à la brèche, où elle planta le drapeau tricolore. Mais en pénétrant e n ville, elle fut prise sur un dépôt de poudre qui explosa, aveuglant Lamoricière, tuant ou brûlant nombre de soldats. Mais deux autres colonnes arrivaient à la rescousse, se glissant par le Bab Djedid, elles pénétrèrent dans les ruelles et les impasses où il était très difficile de se guider et d'où les coups de feu partaient des fénêtres des maisons. Enfin, à neuf heures, les soldats atteignaient la Casbah, la citadelle, le drapeau blanc était hissé et Constantine se rendait. C'était là un des plus beaux faits d'armes de l'histoire. Il nous avait coûté 19 officiers et 129 soldats tués, 38 officiers et 468 soldats blessés. Nos morts, dans les deux sièges, était de 535. Tous ceux dont on a retrouvé les restes reposent dans un ossuaire élevé à leur mémoire dans la cour de la caserne des Zouaves.

Des quantités d'habitants, apeurés, avaient cherché le salut dans la fuite. Disposant des cordes au-dessus des rochers, ils tentèrent de se laisser glisser dans l'abîme pour gagner la campagne, mais les cordes cassèrent et les grappes humaines vinrent s'écraser dans le fond du ravin.

L'heure de la pacification était venue; l'ancien bey de Constantine avait fui dans le Sud où, pendant sept ans, il essaya de nous tenir tête mais en vain.

C'est à partir de cette époque que l'on peut suivre l'évolution et la marche du progrès dans toutes les branches, dans notre cité.

Ce furent les bâtiments militaires qui furent les premiers construits, l'hôpital fut élevé sur l'emplacement du Capitole dont on voyait encore les tronçons de colonnes et les soubassements. Les grandes citernes romaines furent restaurées et servirent à nouveau à emmagasiner les réserves d'eau qui, dans les premiers temps, étaient prises à l'Oued Brarit et au Mansourah. Ce ne fut qu'en 1863 que fut créée la grande conduite de Fesguia qui a été doublée en 1908, donnant à la population une eau saine et abondante. Le vieux pont d'Antonin qui menaçait ruine fut démoli à coups de canons et reconstruit en 1864. De tous côtés, jusqu'à nos jours, la ville, comme à l'époque de Constantin, renaissance nouvelle, s'est embellie de nombreux monuments que nous passerons en revue plus loin.

Intérieur du Palais du Bey

Revenons d'abord au palais d'El Hadj Ahmed. Nous avons dit qu'il en avait commencé la construction en 1826; faisant démolir un certain nombre de bicoques, en achetant ou en accaparant d'autres, il réussit à faire un lot d'une étendue de plus d'un demi-hectare sur lequel il édifia sa demeure. Ce monument, à première vue, tel qu'on l'aperçoit de la place, a un aspect froid. Une grande muraille de 15 mètres de haut avec deux rentrants, percée de portes et de fenêtres modernes, sans une moulure, sans un ornement qui la rehausse. Et cependant, l'intérieur est digne d'être visité. C'est une rêverie des mille et une nuit, avec ses jardins, ses orangers, sa verdure, ses mille colonnades, ses marbres et ses peintures plutôt enfantines.

Pendant son pèlerinage à la Mecque et son voyage en Egypte, El Hadj Ahmed avait pu juger de l'effet des palais orientaux. Aussi revint-il avec l'idée fixe de bâtir luxueusement. Un Gênois nommé Schiaffino, qui faisait à Bône le commerce des grains, fut mandé à Constantine pour recevoir la commande des marbres, des colonnes, des faïences qu'il devait acheter en Italie. Ces matériaux arrivèrent à Bône où des corvées d'indigènes avec des mulets et des chameaux, entourés d'une escorte, avaient le soin de transporter le tout à Constantine, ce qui n'était pas une mince affaire à travers une étendue de 200 kilomètres, sans routes ni ponts.

Le tout arriva cependant en parfait état. Une nuée d'ouvriers, maçons, menuisiers, forgerons indigènes, étaient chargés des travaux que dirigeaient plusieurs de leurs coreligionnaires. Mais à mesure que la construction s'élevait, la bey s'emparait de terrains voisins. Il fallut donc demander à Schiaffino un nouvel envoi, puis, comme l'extension continuait et que cela ne suffisait encore pas, le bey fit tout simplement arracher des plus belles maisons de la ville, les colonnades qui lui plaisaient, ce qui fait que dans cette construction on remarque le style disparate des colonnes, qui sont au nombre de 266, et dont les unes sont rondes, d'autres torses, d'autres polygonales, les chapiteaux varient aussi, quelques-uns sont à peine ébauchés.

Les Juifs furent mis à contribution pour fournir les vitres et la peinture. Au moment de la prise de Constantine, le monument venait à peine d'être terminé.

Les murailles latérales intérieures sont revêtues de faïences jusqu,à hauteur d'homme, le sol est carrelé en marbre blanc.

Dans une des galeries, se voit une statue de Julia Domna, femme de Septime-Sévère, qui fut apportée des ruines de Djemila-Cuicul par les soldats français. Une des pièces du premier étage est dénommée: Salle des Victoires. C'est là que sont réunis les trophées conquis sur les tribus rebelles. Chaque lot d'armes et d'ornements est classé avec l'indication du combat et de sa date. Ce palais, qui va avoir 100 ans, nécessite des soins d'entretien extrêmes, en raison de la grande quantité de bois qui est entrée dans sa construction. C'est un curieux et unique spécimen de l'art arabe.

Place du Palais et Cathédrale

Se rattachant au palais du bey, nous citerons la Cathédrale voisine, Notre-Dame des Sept-Douleurs. C'est l'ancienne mosquée de Souk-el-Rezel, édifiée en 1730 (1143 de l'hégire). Son nom provient de ce que, sous ses murs se tenait le marché de la laine filée (rue Caraman). Elle a été bâtie par Abbas ben Ali Djelloul, originaire de Fez et qui exerçait auprès du bey de Constantine, Hussein ben Koumia, les fonctions de bach-kateb ou secrétaire général. Possesseur d'une grosse fortune et voulant en consacrer une partie à un usage pieux, il fit élever ce monument à ses frais. Pour consacrer la mémoire de cette fondation, Abbas fit placer, au-dessus de la porte, une inscription sur marbre sur laquelle était son nom. Mais après sa mort, le bey fit substituer au nom du fondateur, le sien.

Shaw, à son passage à Constantine, quelques années après, visita cette mosquée et apprit que les colonnes provenaient de runines romaines situées aux environs d'Aïn-M'lila.

Aux premiers temps de la conquête, cet édifice a été désaffecté pour être approprié aux usages de la religion catholique. Il a été modifié pour sa nuovelle destination, mais conserve son allure artistique et tout son cachet oriental.

Nous venons de décrire deux des monuments les plus anciens de la cité et dignes d'être visités; nous allons continuer à promener le voyageur à travers la ville en lui indiquant ce qui doit attirer son attention, car indépendamment des édifices, il y a aussi la vue de cette foule bigarrée, dont les couleurs chatoient sous les rayons d'un beau soleil s'irradiant dans un ciel d'un bleu idéal.

Les hôtels recevant le plus de touristes se trouvent tout en haut de la ville. Seul, l'Hôtel Transatlantique est placé dans la périphérie, un kilomètre environ. De ses chambres orientées au Nord, de sa salle à manger et de sa terrasse, on jouit d'un panorama sans pareil. C'est la ville entière qui se trouve devant les yeux, barrée dans sa partie inférieure par le gigantesque pont de pierre de Sidi-Rached qui, sur 400 mètres, développe ses 25 arceaux, et sa grande arche allégée qui a une portée de 72 mètres. Sa structure ultra-moderne et toute récente (1908) est faite de deux maçonneries parallèles reliées par un plancher en poutres et dalles de ciment armé sur lesquelles repose le pavage.

La perspective de Constantine s'étage; des masses de maisons grimpent jusqu'au point culminant du quadrilatère couronné par les bâtiments de la Casbah. De ci, de là émergent les minarets des mosquées et, sur la gauche, les campaniles de l'Hôtel de Ville et de la Préfecture. De hautes cheminées sont disséminées dans l'ensemble et vomissent, à certaines heures, des torrents de fumée, mais elles n'ont aucun rapport avec des manufactures, elles servent simplement d'exutoires aux foyers des bains maures. Sur l'extrême gauche, le panorama se continue par le faubourg de la route de Sétif et de la rue Rohault de Fleury, tandis que sur la droite, les croupes du Mansourah se cachent sous des masses d'un vert éternel, la forêt de pins qui égaie ses flancs depuis 1868 avec, à ses pieds, longuement étalées, les gares voyageurs et marchandises et la voie ferrée animée par le passage des trains qui courent vers Alger, Biskra ou Tunis. Aux pieds du spectateur, c'est le fleuve qui, depuis des siècles, continue à s'engouffrer en face dans les gorges.

Par un curieux contraste, immédiatement au-dessous de la grande arche de pierre, unique au monde, que nous venons de décrire, on voit un pont minuscule, le pont du Diable qui enjambe le torrent.

Mais le voyageur, jetant les yeux légèrement vers la gauche, aperçoit un îlot de verdure avec au bas une élégante et très vaste construction isolée, de style oriental. C'est le grand Hôtel

Cirta, muni, lui aussi, comme le Transatlantique, de tout le confort moderne. De ses chambres, la vue est fort belle et de ses quatre étages il domine tout le panorama.

Pour les voyageurs qui aiment à se trouver en ville, le Grand Hôtel, situé sur la place de la Brèche, en face l'Hôtel des Postes, présente toutes les perfections. Vis-à-vis lui fait face l'Hôtel de Paris, qui a aussi une fort belle vue. Enfin, dans la rue Caraman, l'Hôtel d'Orient et Saint-Georges reçoit, lui aussi, un grand nombre de voyageurs. Différents hôtels existent encore à Constantine dont il sera donné la nomenclature dans la partie réservée de cet opuscule.

Les touristes qui parcourent l'Afrique du Nord en autos-cars, ont généralement ces véhicules à leur disposition pour faire le tour de la ville, mais ils peuvent se servir aussi de taxis ou de voitures de place. Les parties les plus pittoresques de la cité ne peuvent être visitées qu'à pied.

Une des curiosités principales est le boulevard qui contourne la ville à l'Ouest et au Nord. En partant de la place de la Brèche, virer à gauche, à 100 mètres se trouve le Syndicat d'initiative, superbe installation de style oriental, où le visiteur pourra prendre tous renseignements utiles auprès de son aimable président, consulter une foule de journaux et de brochures et admirer les photographies qui tapissent les murs ou sont sur des chevalets. L'une d'elles donne Constantine prise en avion. Il y trouvera les vues les plus remarquables de Djemila (Cuicul), Timgad

(Thamugadi), Lambèse, etc., avec leurs superbes monuments, et aura là un avant-goût de ce qui lui sera réservé de visu, lorsqu'il visitera ces villes mortes où les pierres patinées par le temps ont des reflets dorés.

Hôtel de Ville

Continuant sa course, le touriste arrivera devant l'Hôtel de Ville, monument somptueux édifié de 1895 à 1900. Lorsque l'on fit les fouilles nécessaires à ses substructions, les terrassiers mirent à jour d'énormes pierres qui servaient de base à une tour romaine qui existait encore au moment de la conquête et qui, placée à cet endroit dominant, servait sûrement à faire des signaux avec les postes répandus dans la vallée et sur les montagnes.

La visite de l'Hôtel de Ville est un enchantement. C'est à l'intérieur une profusion de placages et de colonnes d'onyx qui font l'admiration des étrangers. Ces onyx proviennent d'une carrière jadis exploitée par les Romains et que se trouve près d'Aïn-Smara, à 18 kilomètres à l'Ouest de Constantine. Après le grand escalier, visiter la salle des fêtes qui se développe sur toute la façade : ses cheminées et ses plafonds sont merveilleux. Au fond est un moulage de la Victoire de Samothrace.

Au haut du grand escalier est une copie du tableau d'Horace Vernet : la prise de Constantine. La bibliothèque municipale est sur le même palier. Elle contient 20.000 volumes et est très fréquentée. Sur le côté opposé du même étage se trouve le musée qui renferme des pièces archéologiques intéressantes. Les médailliers contiennent plus de 4.000 monnaies antiques : numides, carthaginoises, des diverses colonies romaines et des impériales. On y voit aussi une jolie collection de toiles et dans la salle voisine les vitrines de la préhistoire africaine et de remarquables pièces de verre et de bronzes romains. Parmi ces derniers, la statuette de la Victoire occupe la première place. Elle fut trouvée, en 1855, dans les fouilles du Capitole. Son envol est remarquable. A signaler aussi, un buste de l'Afrique, des lampes, dont une à suspension avec ses chaînes, des outils divers, dolabre, balance dite romaine, compas, instruments de chirurgie et de pêche, etc... Il y a aussi une collection de plus de 400 lampes antiques en argile, puniques et romaines. Parmi les verres à signaler des alabastres carthaginois de style

égyptisant aux nuances variées dans la pâte
une poupée phénicienne en plomb trouvée dans
une sépulture et une terre cuite représentant Astarté.

Il existe aussi une vitrine de poteries
mogrébines des plus remarquables et deux
mosaïques chrétiennes qui recouvraient des
tombeaux.

En descendant dans la cour, à gauche, se trouve
une statue de Bacchus Liber, de pure facture
grecque. Le dieu adolescent appuyé sur son
thyrse et ayant à côté de lui le levrier, fut exhu-
mé en 1866 lors de la construction d'une maison
dans la rue Nationale en face la grande mosquée.
En sortant de la Mairie et en continuant le tour
de la ville, on arrive sur la façade postérieure
de la Préfecture. Du terre-plein qui est situé à
cet endroit, le panorama est splendide. Au bas,
s'étendent la vallée du Rhumel et les jardins du
Hamma à la verdure éternelle; le fleuve va se
perdre derrière les montagnes de l'horizon après
de nombreux méandres. La vue est bornée au
lointain par un cirque de montagnes, dont la
chaîne principale est celle des Mouïas.

Suspendue au-dessus des rochers la voie s'en-
fonce dans leurs flancs à différentes reprises et
avant de côtoyer le ravin, en tournant, à l'Est,
on arrive à une petite plateforme, un balcon, qui
domine le précipice de plus de 150 mètres et où
va être construit un ascenseur. Au fond, le fleuve,
dont le lit est brusquement coupé, se précipite
en bouillonnant dans la vallée par une cascade

de 50 mètres. Quel bruit de tonnerre quand les eaux sont hautes. On dirait d'une gigantesque chevelure rousse qui se tord et dont les gouttelettes brisées s'élèvent en colonnes de vapeur.

Par les tunnels qui ont été percés sur cette partie du parcours, on peut jouir par quelques embrasures de l'à pic vertigineux que l'on a sous ses pieds.

Puis un pont traverse un couloir au fond duquel est une grotte déblayée il y a quelques années. C'est la grotte des Pigeons. Elle communiquait avec la cour de la Casbah et, autrefois, avec le Capitole, mais il y a plus d'un demi-siècle, l'autorité militaire a fait élever un mur. Il est à peu près certain que derrière cette construction devait se trouver le temple de Mithra, signalé par une inscription qui est encastrée rue Damrémont dans le mur de la Casbah, 15 mètres avant son entrée.

En continuant son chemin on atteint la passerelle de Sidi-M'cid, construction aérienne qui franchit les lèvres du ravin à 200 mètres de hauteur. De là, on voit encore se dérouler le paysage à l'orée de la gorge. A gauche, au-dessus du chemin de l'Abîme que l'on vient de franchir, le rocher des femmes adultères, qui avant la conquête étaient liées dans un sac et précipitées de là dans le vide. A droite, le monument aux morts de la grande guerre encore en construction. Ce sera un énorme arc de triomphe qui sera visible de tous les points de l'horizon et qui sera surmonté d'une Victoire dorée, copie de celle du

Musée décrite auparavant. Dans le monument seront aménagés des chambres dans lesquelles les noms des glorieux morts seront gravés sur des plaques de marbre pour passer à l'immortalité.

Continuer le tour de ville en finissant de côtoyer le ravin; passer devant le Lycée de garçons dont la population scolaire augmente d'année en année.

La voie traverse le quartier israélite égayé par les pittoresques et riches costumes des femmes aux bras à la poitrine et à la coiffure chargés de bijoux d'or.

On arrive alors au pont d'El Kantara construit en 1864 sur les restes du pont d'Antonin, restauré par les soins de Salah-bey en 1792, sous la direction d'un architecte de Mahon connu sous le nom de don Bartoloméo.

En face la gare est la statue en marbre de Carrare de l'empereur Constantin Ier le Grand, œuvre de Brasseur, Ier prix de Rome, copie de celle qui existe à Saint-Jean de Latran. L'empereur est représenté debout, en tenue de légionnaire étendant le bras droit dans un geste d'autorité et de protection, portant sur le bras gauche le manteau impérial, le paludamentum.

C'est au mois de novembre 1908 que la Société archéologique de Constantine, sur l'initiative de la Municipalité, se constitua en comité spécial en vue d'élever sur une des places de la ville une statue à celui qui avait fait relever de ses ruines l'antique Cirta.

Elle porte sur son socle, du côté de la face :

A Constantin le Grand qui releva de ses ruines Cirta détruite par Maxence et lui donna son nom en 313; et du côté opposé, une inscription latine relatant les titres de l'Empereur.

La fin du tour de ville se poursuit par le grand pont de Sidi-Rached, d'où l'on a une vue pittoresque sur le quartier arabe, avec ses ruelles tortueuses, ses maisons qui surplombent le précipice et ses toitures coiffées, de février à août de chaque année, des nids de cigognes venues en migration.

Il s'agit maintenant de visiter l'intérieur de la ville. De la place de la Brèche se détachent trois rues complètement européennes qui traversent toutes trois la cité; à gauche, la rue Brunache, prolongée par la rue Damrémont qui mène à la Casbah, dans le mur de laquelle sont encastrées des inscriptions romaines dont deux dédiées à l'empereur Constantin, vainqueur de toutes les nations, dominateur de l'univers, etc., et celle relative à Mithra dont nous avons parlé Dans la cour des Zouaves se trouve le tombeau des braves qui nous avons aussi relaté en parlant de la prise de Constantine.

La rue du milieu est la rue Caraman; c'est la rue de l'élégance où se fait tous les soirs à partir de 5 heures la promenade, elle aboutit à la Cathédrale (ancienne mosquée de Souk-er-Rezel) pour se continuer par la rue Anatole France et se terminer au Lycée de garçons. C'est par la rue Caraman que l'on passe pour aller visiter aussi le palais de la Division.

La troisième voie est la rue Nationale qui aboutit au pont d'El-Kantara signifiant pont, il y a là un pléonasme entré couramment dans l'habitude et qui ne signifie autre chose que le pont — le pont. —Au tiers de cette rue de France et en obliquant à gauche par la rue Négrier, on arrive à la place du même nom dite du Caravan-sérail sur laquelle se trouve la mosquée Sidi-el-Kettani construite par Salah-Bey et dont la façade a été remaniée lors de l'aménagement de la place.

Cette mosquée fut édifiée de 1772 à 1775 pour y enclore le tombeau du Saint de ce nom, mais Salah qui avait voulu embellir ce quartier composé d'ignobles masures, y adjoignit encore une médersa ou école supérieure qui sert aujourd'hui pour les cours de la Chaire publique d'arabe. Au fond de la cour se trouve une petite plate-forme d'environ 20 mètres carrés sur laquelle sont les tombeaux de la famille de Salah-Bey et de lui-même. Il avait péri étranglé par les ordres de Hassen Bey, dans la nuit du 1er au 2 septembre 1792.

Une visite qui s'impose est celle du ravin. Les travaux exécutés sous le pont d'El-Kantara sont sans pareils. Il y a 35 ans, seuls descendaient dans le précipice les chasseurs de pigeons qui devaient suivre et non sans danger, car plusieurs l'ont payé de leur vie, des sentiers abrupts et vertigineux. Un hardi et savant constructeur entreprit d'en rendre l'accès facile et d'en faire un attrait pour la cité qui lui accorda la conces-

-sion du bénéfice de son entreprise pour 99 années et passée depuis plusieurs années au Docteur Liagre. Le sentier de la rive droite, que nous allons parcourir à partir de sa naissance, en amont du fleuve, fut donc aménagé et continué de bout en bout. Quand les ressauts du rocher ne le permettaient pas, le chemin a été fait en balcons qui sont hardiment suspendus à la paroi et garnis d'un garde-corps pourvu par surcroît de précautions d'un treillage métallique. A mi-chemin, entre l'entrée de la gorge et le pont d'El-Kantara, des sources thermales ont été aménagées en piscines et baignoires. Le chemin circule au milieu d'une végétation continuellement verte, passe sur la culée droite d'un pont romain dont il ne subsiste que les premiers voussoirs. On a même agité la question de savoir s'il avait été terminé aucune amorce ne se voyant dans les roches. Au-dessus vient d'être jetée une légère passerelle suspendue franchissant le gouffre, ouvrage hardi et élégant à la fois.

Passant sous l'arche qui subsiste encore du pont d'Antonin, on arrive sur une place dénommée forum de Vitruve d'où l'on peut admirer ce monument. Sur le côté Nord-Ouest, qui fait face, on peut voir sur deux pierres placées au niveau de l'arceau des éléphants affrontés. C'est probablement là le souvenir des combats contre les Carthaginois. Peut-être même ces sculptures sont-elles plus antiques et remontent-elles à la période punique ou numide; elles auraient alors été réemployées par les Romains de l'empire. Au-dessus du relief, Astarté exécute une danse.

Repassant sous l'arche, on descend par un escalier qui conduit à un puits dans lequel sont des marches en colimaçon qui conduisent à une première passerelle qui franchit le torrent, suspendue à des câbles. On revient sur la rive que l'on vient de quitter par une autre passerelle en pente et l'on reprend le sentier à flanc de roc, qui va jusqu'à l'extrémité de la gorge, au-dessus des cascades, pour reprendre la route de la corniche. On peut admirer dans cette partie du trajet les trois arceaux naturels, ces trois voûtes immenses sous lesquelles coule le fleuve. A un endroit une source a créé, des bassins, des vasques qui se surplombent et où l'eau forme de gracieuses petites cascades. Le retour par la route de la corniche permet d'admirer ce travail énorme terminé en 1888, d'où l'on voit perdue dans l'azur la passerelle de Sidi-M'cid et en face de soi la partie de la ville accrochée à la lèvre de la falaise.

Une visite de la rue Nationale et des quartiers arabes qui sont au-dessous s'impose. Dans la première partie de cette rue et dans la rue Rouaud qui lui est parallèle se voient d'innombrables boutiques de mozabites, vendant tissus de coton de laine et de soie, parfumeries, fils d'or et d'argent, maroquinerie, etc., en un mot la foule des articles nécessaires aux indigènes, aussi l'animation y est grande à toutes les heures de la journée. Il y a des marchands de curiosités et de chaussures de toutes formes.

Derrière la rue Nationale, dans la rue des Zouaves, se trouvent les Aïssaouas qui, tous les vendredis soir, se livrent à toutes sortes d'excentricité et de contorsions, mâchant du verre se transperçant les membres et les joues.

En descendant jusqu'au coude de la rue Nationale, on voit la nouvelle Médersa qui a remplacé l'ancienne, construite par Salah-Bey et dont nous avons parlé et la passerelle suspendue au-dessus du ravin.

C'est un superbe édifice à la porte monumentale, copiée sur celle de la mosquée de Tlemcen. Des colonnes aériennes y supportent audacieusement le grand dôme. Presque lui faisant face est le Lycée de jeunes filles.

La rue Perrégaux, qui prend naissance au pied de la Médersa, est digne d'une visite. Après l'avoir parcourue pendant une centaine de mètres on entrera dans une partie très vivante et où le grouillement s'accentuera au fur et à mesure que l'on avancera. Il y a là une infinité de boutiques vendant les victuailles de toutes sortes, épiciers, bouchers, marchands de légumes, de beignets, etc... C'est tout à fait couleur locale.

Derrière la rue Nationale, parcourir, aussi la rue Combes, des plus commerçantes. On y voit les artisans indigènes ou israélites à l'œuvre : tailleurs, tourneurs, brodeurs, dinandiers, forgerons, et vers son extrémité est un îlot occupé exclusivement par des bouchers arabes.

Nous avons vu à peu près ce qu'il y avait de remarquable en ville, nous continuerons par la place de la Brèche sur laquelle se trouvent quatre monuments.

Crédit Foncier et Théâtre

Le Palais de Justice, construit pendant la guerre, lui faisant pendant, l'Hôtel des Postes qui a été édifiée il y a environ 15 ans. A côté, le Théâtre municipal et l'immeuble du Crédit Foncier d'Algérie et de Tunisie percé d'un vaste passage conduisant au grand marché.

Du côté et presque en face du Palais de Justice s'élève la colonne commémorative de la grande guerre, érigée à la gloire de tous nos combattants et surmontée du coq gaulois qui chante la Victoire.

Par l'avenue placée entre l'Hôtel des Postes et le Palais de Justice, on se rend aux faubourgs. De chaque côté de cette avenue s'étendent deux jolis squares. Celui de droite merveilleux d'ombrages et de fleurs avec au centre la statue en bronze du maréchal Valée, vainqueur de Constantine. Elle est entourée des canons du siège reliés par des chaînes marines.

Le square qui lui fait vis-à-vis est très intéressant. Au milieu, une fontaine monumentale, derrière une colonne romaine de granit sur laquelle est posé le buste de la République; sur son allée circulaire et autour de la fontaine, le musée lapidaire. Parmi la quantité d'inscriptions romaines recueillies il en est de fort belles, entre autres celle de C. AVFIDIVS, personnage militaire important. Les caractères épigraphiques en sont d'une beauté parfaite et rare. Au fond de ce square vient d'être construit tout récemment le Casino. Sur la place, au bas des squares, a été élevée la statue de Lamoricière, œuvre de Belloc. Le colonel est représenté montant à l'assaut de Constantine à la tête de ses Zouaves, tandis qu'à côté de lui un clairon sonne la charge. Sur la face inférieure du monument, la France victorieuse attire à elle l'Algérie suppliante, et sur la face postérieure a été modelé dans le bronze une perspective de l'assaut.

En passant à droite de la statue, on prend la rue Seguy-Villevaleix, du nom du premier maire de Constantine (1859-1864). Sur une petite place est le monument élevé à la mémoire de Béhagle, administrateur de commune mixte, parti en mission dans le centre de l'Afrique et mort avec ses compagnons Mercuri et deux indigènes algériens au Tchad sous les coups du sultan Rabah, et vengés par le commandant Lamy.

Dans le square Gambetta est un buste élevé au souvenir du grand tribun. On tourne par le boulevard Victor Hugo et devant la gendarmerie a été dressé le monument de Damrémont. Il a remplacé, il y a quelques années, une pyramide élevée par les soldats de la conquête et qui rappelait qu'en ce lieu Damrémont avait été tué par un boulet la veille de la prise de Constantine. Cette inscription, en français et en arabe, a été transporté dans les rampes d'Italie, en contre-bas de la place. Derrière l'obélisque a été faite une reproduction réduite de la pyramide et de son inscription, l'œuvre est d'Ebstein.

En poursuivant son chemin le long de la gendarmerie et de la prison civile qui lui fait suite, on arrive à un quartier nouveau — sa première maison remonte à 1911 — et qui fait honneur au génie de celui qui en fut le créateur et au premier magistrat de la cité qui lui donna son appui. Il résolut de doter ses concitoyens d'immeubles sains, avec jardinets. Il y a parfaitement réussi puisqu'aujourd'hui les différents programmes de construction ont fait surgir du sol plus de 150 maisons autour desquelles sont venus se grouper des immeubles construits par des particuliers. C'est tout un quartier à la population nombreuse, aux rues spacieuses, aux maisons noyées dans la verdure qui a surgi dans un site ravissant puisqu'il est dénommé Bellevue.

Les inaugurations ont été honorées de la consécration de Ministres, de Gouverneurs généraux et d'un président de la République, et il n'est pas de personnalités qui viennent à Constantine sans aller visiter cette œuvre incomparable.

Depuis 20 ans Constantine a subi une transformation complète. Cette cité située sur un sol tourmenté, à la configuration étrange, a accompli de tels progrès que le visiteur qui ne la revoit qu'au bout d'une certaine période la trouve toute modifiée.

C'est qu'elle a eu le bonheur de posséder un Maire qui depuis quelques années est en même temps son Député. J'ai nommé M. Emile Morinaud qui, enfant de Philippeville, n'a marchandé ni son temps, ni sa peine, ni son influence pour embellir sa cité d'adoption. Financier merveilleusement doué, il a réussi à obtenir tous les crédits nécessaires pour entreprendre de grands et d'énormes travaux que tout autre aurait qualifiés d'irréalisables.

Deuxième conduite, d'eau, Palais de Justice Hôtel des Postes, boulevard de l'Abîme, pont de Sidi-Rached, passerelle de Sidi-M'cid, passerelle Perrégaux, pavage de la ville, électricité, etc., en un mot tout ce qui a été fait depuis 20 ans est son œuvre et elle se chiffre par 35 millions.

Aujourd'hui, la vieille Capitale qui vit les fiançailles de Massinissa et de la belle Sophonisbe (Safanatbaal), puis son empoisonnement, est une ville toute moderne avec ses trams électriques et continue sa marche ascendante sous les impulsions de son premier édile.

Dans les environs de Constantine, les lieux à visiter sont les arcades romaines, à 1.500 mètres de la ville, restes d'un grand aqueduc qui franchissait le fleuve et sa vallée et amenait les eaux à la cité; la pépinière et son stade; ie Djebel Ouach, point d'estivage où va être construit un hôtel; le Hamma avec ses jardins, ses bois d'orangers et de citronniers, et l'établissement de Sidi M'cid, propriété de la ville avec ses sources thermales et ses piscines.

Le rocher des Martyrs sur la rive droite du Rhumel près du pont du diable mérite aussi qu'on s'y arrête. La roche à pic a été entourée d'une grille. Une inscription du VIIe siècle y mentionne les noms de neuf chrétiens qui subirent le supplice en mai 259 pendant le règne de Valérien. Comme elle est très difficile à déchiffrer en raison de son exposition et de son ancienneté, nous en donnons la copie et la traduction.

Le quatrième jour des nones de septembre, eut lieu la passion des martyrs d'Hortensium, Marien et Jacques, Datus, Japin, Rustique, Crispus, Tatus, Mettun, Victor, Silvain, Egyptius. Saint Dieu rappelons-nous leur noms à la vue de notre Seigneur, celui qui a fait cette inscription à la date du XV.

Le nom d'Hortensium est peut-être celui d'un bourg dont on ignore la situation. Il peut aussi que parmi ces martyrs il y en avait qui étaient jardiniers.

Marien et Jacques étaient évêques ils furent torturés à Cirta mais périrent à Lambèse avec leurs neuf compagnons.

Il est à remarquer que l'un des martyrs Metun porte un nom d'origine punique, tandis que tous les autres ont des noms romains.

Le Quartier des Tanneurs (Vue Générale)

MILA

MILEV - COLONIA SARNENSIS MILEVITANA

La jolie petite ville de Mila, véritable oasis de verdure se trouve sur la route de Djemila à Constantine à 80 kil. de la première et à 55 du chef-lieu du département. La ville neuve, entièrement construite sur un terrain plat avec ses rues se coupant à angle droit, son square, ses avenues plantées d'arbres a un aspect fort coquet. A quelque distance vers l'Est se trouve le vieux Mila. La ville indigène, construite sur l'emplacement de l'antique Milev, et enclose encore de son mur byzantin qu'y élevèrent en 539 les soldats de Justinien restreignant pour mieux se défendre l'étendue de la cite sur laquelle ils vinrent s'installer. Milev a une origine fort antique. En langue phénicienne Mil, signifie pardon et Ev eau, soit le pardon par l'eau ou l'eau du pardon. Pourquoi? Au milieu de la ville indigène existe encore une fontaine ou plutôt une source, amenée par un canal voûté, au milieu d'un hémicycle de construction antique et ayant deux architectures. Les assises du bas en pierres taillées à bossage, caractérisant un travail punique et celles supérieures taillées régulièrement et étant de construction romaine.

Dans une région où les rivières sont presque sèches en été, où les sources quelquefois tarissent, cette eau limpide, au débit toujours égal, devait naturellement avoir une origine et un caractère sacrés. Les Numides la considérèrent certainement comme telle et les Phéniciens firent de même, lui donnant un symbole des lustrations enlevant toutes les fautes rituelles commises. Les Romains à leur tour durent la placer sous l'égide d'une de leurs divinité aquatiques. Les vestiges phéniciens, stèles et débris divers et ceux romains ont été trouvés nombreux lors de la fondation de la nouvelle ville vers 1840. Mais le vieux Mila montre aux visiteurs d'innombrables débris. Des colonnes, des bornes milliaires se voient aux coins des rues, nombre de maisons ont des murs de pierres de taille et même dans certaines on voit des arcs noyés dans une maçonnerie plus récente. Jusqu'aux boutiques qui ont gardé leur aspect archaïque avec l'architecture de celles que l'on voit sur le forum de Djemila ou celui de Timgad. Une basilique byzantine sert de caserne à la garnison, et une de ses colonnes porte une inscription mentionnant le vectigal rotarium, impôt sur le roulage, ce qui dénote l'importance antique de la cité où avait lieu un trafic considérable.

Mais ce sont les jardins situés sur le côté Est qui recèlent de nombreux monuments Ces riches terres dont la masse de plus de 5^m d'épaisseur a été apportée par les siècles et sur lesquelles croissent de nombreux orangers et arbres fruitiers ont enseveli les rues antiques. Un Comité du vieux Milev vient de se former, qui a entrepris des fouilles légèrement amorcées il y a 45 ans. En 1880, en effet une statue de marbre de 2^{m}94 de haut assise sur un siège, élevée au-dessus d'un abside fut découverte. La poitrine et la tête en sont fort abîmées. Mais on peut deviner qu'il s'agit d'un dieu ou d'une déesse assis au fond de la cella d'un temple. Au-dessous de son siège est un petit caveau destiné à cacher le trésor. Il doit s'agir de Saturne ou de Junon Cœlestis.

La Statue et son Temple

En face existe une porte de la vieille cité, probablement un arc de triomphe enclos dans la muraille et bouché. Les fouilles reprises en 1925 ont mis à jour une voie dallée se dirigeant de cet arc vers la statue. C'est peut-être là le forum de Milev, et ces constructions remonteraient à l'époque où les compagnons de Sittius s'y établir

dans la deuxième moitié du dernier siècle avant
J.-C.. Un arc tétrapyle servant autrefois de porte à la cité byzantine a été dégagé. Il repose sur
une nécropole romaine dont les tombes inviolées contenant une magnifique mobilier funéraire, poteries, verres, bronze. etc. Ces fouilles
heureuses font honneur à leur auteur M. Pergo-
la, Juge de Paix à Mila.

Tous les alentours, sur un périmètre étendu,
sont hérissés de vestiges; pont romain, aqueduc,
citernes, thermes. Tout cela vaut une visite qui
donnera satisfaction à ce Comité du vieux Mila
qui se dépense sans compter et qui est encou-
ragé par la perspective de donner du relief à la
ville et d'attirer l'attention sur elle.

DJEMILA
CUICUL

Oued Nord

Oued

Betam

Djemila

N

LÉGENDE

1   Quartier chrétien
2   Sous-sols
3   Basilique de Crescomus.
4   Petite Basilique.
5   Piscines.
6   Baptistère.
7   Basilique.
8   Fort byza
9   Théatr
10 Arc de Crescens.
11 Nouveau forum
12 Temple Septimien.
13 Arc de Caracalla.
14 Tribune aux harangues.
15 Marché aux vêtements.
16 Château d'eau.
17 Maison de Castorius.
18 Temple du Centre.
19 Maison Asinus Nica.
20 Temple de Vénus ou de la Terre.
21 Vieux forum.
22 Basilique judiciaire

23 Capitole.
24 Autel des sacrifices.
25 Curie.
26 Maison de l'Est.
27 Thermes de Térentius.
28 Thermes.
29 Latrines publiques.
30 Maison.
31 Marché de Castrius.
32 Prison.
33 Grand cardo.
34 Fontaine et porte.
35 Fontaine conique.
36 Grands thermes.
37 Fontaine monumentale.
38 Musée.
39 Monument militaire.
40 Hôtel Transatlique.
41 Cantine . Bureau des postes
    télégraphes et téléphones.

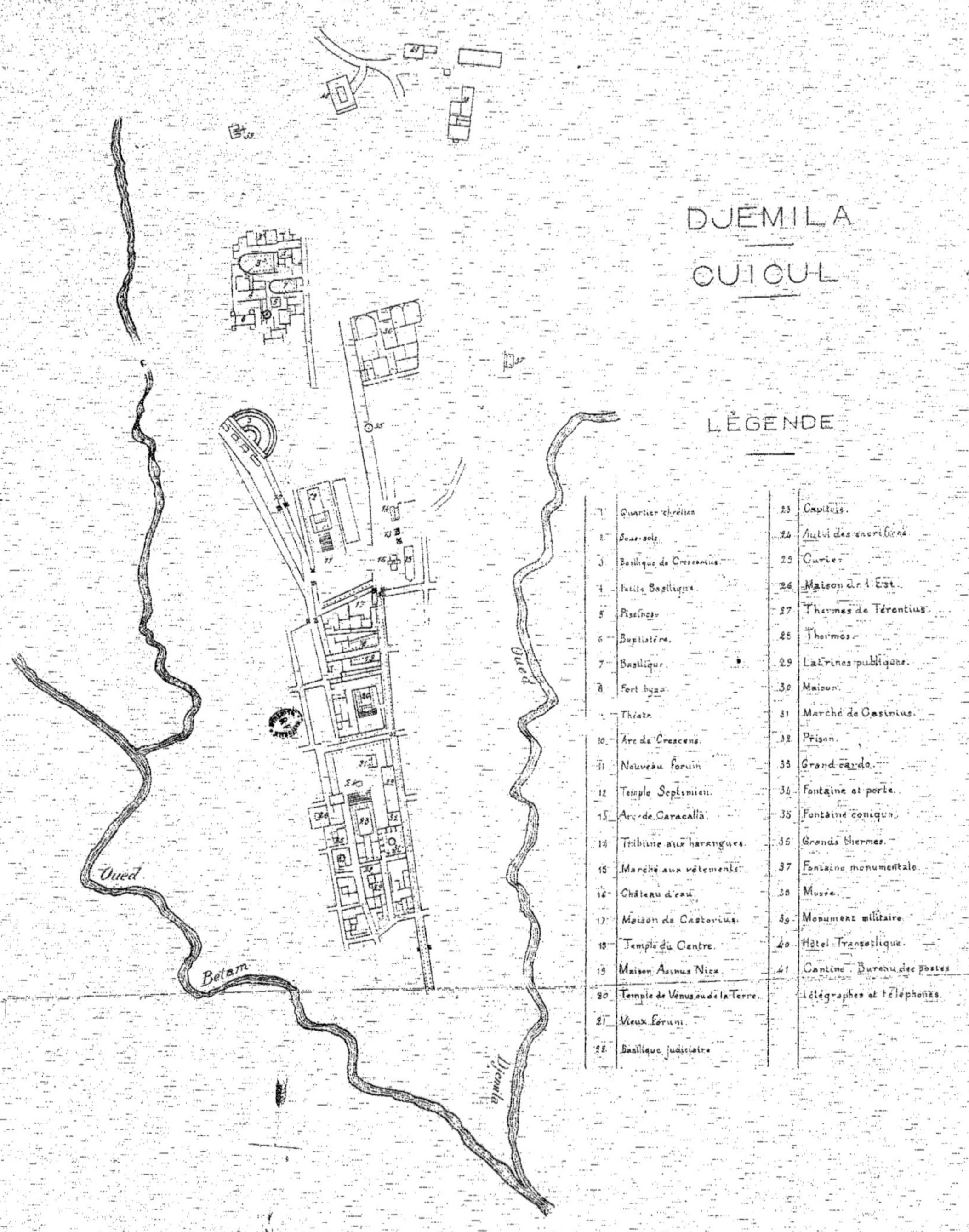

DJEMILA
—
CUICUL

LÉGENDE

1 Quartier chrétien
2 Sous-sols
3 Basilique de Crescentius
4 Petite Basilique
5 Piscines
6 Baptistère
7 Basilique
8 Fort byza
9 Théâtre
10 Arc de Crescens
11 Nouveau forum
12 Temple Septimien
13 Arc de Caracalla
14 Tribune aux harangues
15 Marché aux vêtements
16 Château d'eau
17 Maison de Castorius
18 Temple du Centre
19 Maison Asinus Nica
20 Temple de Vénus ou de la Terre
21 Vieux forum
22 Basilique judiciaire

23 Capitole
24 Autel des sacrifices
25 Curie
26 Maison de l'Est
27 Thermes de Térentius
28 Thermes
29 Latrines publiques
30 Maison
31 Marché de Casinius
32 Prison
33 Grand cardo
34 Fontaine et porte
35 Fontaine conique
36 Grands thermes
37 Fontaine monumentale
38 Musée
39 Monument militaire
40 Hôtel Transatlique
41 Cantine - Bureau des postes
   Télégraphes et téléphones

Oued
Oued
Betam
Djemila
N

DJEMILA

CVICVL, RESPVBLICA CVICVLITANORVM

L'antique cité est placée dans un site grandiose, merveilleux, sous le lumineux soleil mais assombri lorsque le ciel roule de noirs nuages qui s'accrochent aux monts.

Cuicul que certains auteurs écrivent Culcul, Chulchul, fut édifiée sur une sorte de promontoire dont la pente assez accentuée se dirige du nord-est au sud-ouest. Il est délimité par deux ravins profonds, à droite l'oued Djemila au fond duquel coulent toujours les eaux qui dans l'antiquité alimentaient la ville et ses nombreuses fontaines, à gauche par l'Oued Betam. Au sud-est, la dominant des soulèvements calcaires qui ont fourni les matériaux nécessaires et dans les assises desquels sont taillées des sépultures creusées à plein roc comme du reste dans de nombreuses régions du Département; une d'elles se trouve en-dessous des jardins de la Conservation. A chaque côté des ravins précités, de hautes montagnes noirâtres où dominent les schistes, aux pentes dénudées; en face une autre montagne barre l'horizon. Derrière la chaîne des Babor dresse sa masse dans l'azur.

La première question du visiteur est de demander pourquoi une aussi riche cité fut bâtie dans cet endroit loin de toute communication.

La réponse est facile. La question n'était pas
la même dans l'antiquité. Les Romains ne s'établirent que sur des lieux déjà habités et qui
avaient leur raison d'être : points d'eau, comptoirs antiques créés par ces brasseurs d'affaires
qu'étaient les Phéniciens, postes intermédiaires
de liaison entre leurs différents établissements.

En examinant une carte on se rend compte que
Cuicul est placé entre Djidjelli, l'antique Igilgili
et Sétif, la Sitifis d'autrefois. Pas un de ces trois
noms n'est romain. Ils furent latinisés par la
suite de même que tant d'autres villes de ce qui
devait être l'Afrique romaine.

Cuicul était en outre placé sur la route qui de
Cirta conduisait à Sitifis par Milev (Mila).

La date de l'établissement des Romains à Cuicul remonte à la fin du 1er siècle de notre ère et
l'histoire de cette période doit se rattacher étroi-
tement à celle de Sitifis qui fut colonisée par
des vétérans de l'armée de Nerva (96-98). Sitifis
Colonia Nervana Veteranorum. Il est probable
que les mêmes vétérans descendirent jusqu'à Cuicul où ils s'établirent. Le début de son histoire
est de ce fait bien postérieur à celui de Milev
dont nous avons déjà parlé et qui fut colonisé
par les compagnons de Sittius dès la fin du dernier siècle avant J.-C..

Ce mode de colonisation par des soldats libérés
avait un effet merveilleux. Les villes sortaient
de terre en quelques années, et il y avait là en
outre un élément de défense une sorte de garde

territoriale toujours prête à soutenir la grandeur de Rome.

Cuicul connut sous les Antonius et les Sévères toutes les splendeurs.

La cité avait appartenu pendant quelque temps à la fédération des quatre colonies de Cirta, mais elle s'en détacha bientôt pour vivre de sa vie propre. Elle eut son ordo decurionum autrement dit son Sénat, son Conseil municipal qualifié sur les inscriptions suivant l'usage de Splendidissimus; il éleva des monuments publics par décret tandis que les riches habitants, eux aussi, pour les honneurs qui leur étaient accordés au forum par leurs concitoyens, embellissaient la ville de somptueux monuments.

Mais après avoir connu une magnificence et une prospérité remarquable, il semble bien que Cuicul dès le milieu du IIIe siècle resta en l'état stationnaire. Rares en effet furent les empereurs dont les règnes eurent de la durée, en outre, les soulèvements militaires, les persécutions religieuses, l'envahissement des barbares, le donatisme, eurent leur répercussion néfaste dans tout l'empire romain.

Les Byzantins en tentant de reconquérir pour le trône de Constantinople les provinces d'Afrique continuèrent le ravage des villes en élevant des murailles et des fortins dans leur hâte de se mettre à l'abri des attaques, avec les pierres de toute sorte arrachées aux monuments, en restreignant l'étendue des cités et en reconstruisant des édifices de fortune.

Cuicul peut se diviser en trois parties : le quartier inférieur qui est en fouilles à l'heure actuelle et qui ne paraît contenir que des habitations. Puis un quartier mixte à partir du Capitole où se trouvent les temples, de riches maisons et les principaux édifices, enfin tout à fait à la partie supérieure et séparée des précédentes par des espaces non encore fouillés, le quartier chrétien celui des basiliques qui eut sa splendeur au IV° et au V° siècle.

D'un bout à l'autre de la ville dans la direction approximative Nord-Sud court le grand cardo, la grande voie qui coupait la ville en deux parties. Celle de droite est la plus vaste. Celle de gauche a été ravagée par le torrent qui coule au fond du ravin ce qui a entraîné un affaissement et un éboulement considérable qui a disloqué les constructions dont beaucoup de pierres se voient obstruant le cours d'eau. La partie droite a subi moins de mouvements du sol aussi est-elle mieux conservée.

Il est d'usage en quittant la jolie place bien ombragée qui se trouve à proximité de l'hôtel Transatlantique édifié dans le genre d'une maison romaine avec son atrium et une terrasse sur le devant d'où on jouit d'un magnifique coup d'œil d'ensemble de prendre l'un des deux itinéraires indiqués ci-après.

La visite des ruines peut se faire en prenant à droite ou en se dirigeant par la gauche vers le grand cardo. Nous allons suivre par la droite.

On peut d'abord aller saluer les morts de l'armée d'Afrique qui dorment dans un tombeau érigé en 1840 par leurs compagnons du 20e régiment de ligne et orné et entretenu par les amis du Souvenir Français. En 1838 après la prise de Constantine et dans le but de relier cette cité à Sétif les colonnes françaises suivirent l'itinéraire antique par Mila et Djemila et laissèrent dans les ruines du fort byzantin une garnison de 670 hommes du 3.e bataillon d'Afrique sous les ordres du commandant Chadeysson. Mais le 14 décembre 1838 des nuées de Kabyles descendus des montagnes de la région vinrent attaquer le poste qui pendant 4 jours et 4 nuits se défendit avec un courage admirable malgré le manque d'eau et la rareté des munitions.

Enfin deux indigènes ralliés envoyés à Constantine y portèrent cette grave nouvelle et le 26e de ligne se mit en route à marches forcées pour débloquer les vaillants défenseurs. Ce fait d'armes des plus glorieux est resté un peu inconnu. Les morts furent inhumés sur place mais leurs tombes ont disparu et le monument cité plus haut élevé à des camarades morts deux ans après, les englobe tous dans le même souvenir de gloire.

(1). — Prendre la direction des premières colonnes que l'on aperçoit. C'était le quartier réservé aux chrétiens qui venant du dehors devaient y trouver des hôtelleries. Ce sont les bâtiments annexes que l'on aperçoit presque en bordure de la partie supérieure du grand cardo.

(2). — En tournant à droite on remarque des sous-sols qui devaient dépendre de la basilique épiscopale. Cette partie de constructions était soigneusement fermée. On voit en effet dans les passages après une petite rue avec son égoût central, de nombreux seuils avec leurs feuillures indiquant que les portes se fermaient de dedans en dehors. Au IVᵉ siècle date à laquelle remontent ces constructions on était en effet à l'époque troublée du donatisme.

(3). — On traverse une petite cour et on entre dans la grande basilique dite de Cresconius parce que l'on y a découvert la mosaïque contenant l'inscription tombale de cet évêque qui a été transportée dans la deuxième salle du musée côté Est. Ce prélat vivait à la fin du IVᵉ et au commencement du Vᵉ puisqu'il assista à la conférence de 411 à Carthage entre orthodoxes et donatistes. Il connut Saint-Augustin qui traversa Cuicul en se rendant à Julia Cœsarea (Cherchell).

Dans l'abside est une crypte où l'on peut descendre par un escalier. Cette basilique avait cinq nefs.

(4). — A côté existe une chapelle qui devait servir aux préparatifs baptismaux car elle voisine avec le baptistère et ses dépendances.

(5). — Piscines dans lesquels les néophytes se lavaient avant le Sacrement. A la fin du IVᵉ siècle et au commencement du Vᵉ il y eut de nombreuses conversions indigènes et il était naturel que ces gens se présentassent en état de propreté parfaite. Peut-être même pourrait-on trouver dans les nombreux bassins qui se trouvent sur le pourtour ceux où on lavait leurs vêtements.

(6). — Baptistère. Il est formé d'un double mur circulaire faisant couloir. Dans le grand périmètre sont situées 24 niches et dans le petit leur faisant face douze. Elles présentent un siège et elles étaient stuquées, la partie supérieure ayant la forme d'une coquille; de petits corbeaux sont ménagés pour supporter des lampes.

Deux ouvertures donnent accès à la salle centrale couverte d'une mosaïque représentant le poisson et le vase eucharistique duquel sort le cep de vigne. Au milieu cuve baptismale garnie de 4 colonnes légères supportant une coupole taillée dans un même bloc de pierre. C'est dans cette cuve que les catéchumènes qui s'étaient déshabillés dans le couloir et avaient laissé leurs vêtements dans les niches, descendaient pour recevoir la lustration complète avec l'eau sainte. Ceci explique pourquoi il y avait nécessité d'un bain complet auparavant comme nous l'avons expliqué, l'eau lustrale servant pour un nombre considérable de personnes. Après le baptème chacun venait se revêtir et sortait par une des deux portes du fond. Celle de gauche, celle de droite étant réservée au clergé et celle de devant d'entrée pour ceux qui venaient de prendre le bain.

(7). — Un autre petite basilique avec son abside se trouve en face du baptistère; elle paraît contemporaine de la grande. Serait-elle celle des donatistes ? En tous cas le terrain situé entre ce quartier, le cardo, le temple Septimien et le théâtre n'a pas encore été fouillé et réserve ses secrets et ses surprises.

(8). — Fort byzantin, assemblage de pierres disparates comme toutes les constructions de l'espèce. C'est le point culminant de la ville celui d'où 13 siècles plus tard nos soldats résistèrent courageusement aux attaques des tribus du voisinage.

(9). — Il faut suivre un petit sentier à travers les terres d'où émergent au milieu des herbes des tronçons de colonnes et des pierres de taille. Il nous amène vers un arbre d'où l'on surplombe le théâtre. D'une conservation parfaite ce monument a sa cavea taillée dans la colline. Il comprend 26 rangs de gradins formant six cunéi séparés par cinq escaliers. La partie supérieure manque et doit avoir été incorporée en partie dans le fort byzantin. On peut remarquer la couleur naturelle de la pierre des gradins du centre qui étaient recouverts de terre tandis que ceux des cunéi de gauche et droite exposés depuis des siècles aux intempéries, ont une coloration noirâtre. Une spina formée de dalles dressées et taillées en courbe séparait les spectateurs de l'orchestre, dans lequel trois rangs de gradins étaient réservés aux hauts personnages de la cité. En avant de l'orchestre le mur de scène, le pulpitum est intact quant à la scène elle-même, le proscenium et à son mur de fond, l'état en est parfait et n'était l'éloignement de Cuicul on pourrait parfaitement y donner des représentations. Ce magnifique théâtre est peut-être le don d'un mécène du pays comme le fut celui de Guelma qui fut construit au début du IIIe siècle par Annia Aelia Restituta, fille du flamine perpétuel Annius Aelius, en souvenir de son père. En tous cas jusqu'à ce jour aucune inscription n'est apparue mentionnant la date et les causes de sa construction. Il pouvait contenir 3.000 spectateurs ce qui donne pour la population de Cuicul une trentaine de mille habitants.

Le Théâtre

(10). — En quittant la scène du théâtre par la gauche on s'engage dans une rue dallée, un petit cardo, qui mène à l'arc de Julius Crescens, encore un donateur qui a attaché son nom à ce monument qui avait été érigé au génie de la

Colonie et orné de trois statues, et par la rue duquel on accède au nouveau forum.

(11). — Cette vaste place soigneusement dallée est ornée des côtés Nord et Est de portiques, ces derniers avec étages au-dessus duquel se trouvaient des boutiques parmi lesquelles on a pu identifier celle d'un boucher. La foule devait y affluer les jours de marché (nundinæ) où les campagnards venaient apporter leurs produits : tandis que dans le marché de Cosinius dont nous parlerons plus loin, la vente avait lieu tous les jours de semaine.

(12). — Sur la face sud-est de ce forum, perron de 25 marches donnant accès à une plate-

Le Temple Septimien

forme d'environ 1.350 mètres de surface sur laquelleest élevé le temple dédié à la famille de

Septime Sévère. De chaque côté les magasins aux accessoires de culte (favissœ) et magnifique péribole de portiques aux colonnes d'ordre corinthien. Les colonnes du pronaos ont 10 mètres de hauteur elles soutenaient une architrave sur laquelle était gravée la dédicace placée aujourd'hui après son écroulement sur le côté gauche du péribole. Elle nous fait savoir que ce temple fut élevé en 229 au divin Septime Sévère, à Julia Domna sa femme et à ses fils Caracalla et Geta, par l'ordre des décurions, le Sénat Cuiculitain.

Le naos ou cella du temple accessible au seul collège des prêtres était fermé par une porte à deux vantaux qui était de bronze ou de bois très épais en tous cas très lourds puisqu'ils étaient munis de galets qui roulaient sur une voie métallique en arc de cercle dont on voit encore la place de l'encastrement dans le dallage. Au-dessus de la porte un arc de décharge servait en même temps à éclairer la cella; il devait être garni de claustra. L'intérieur était dallé et plaqué de marbre dont on voit encore les traces. Au fond se trouvaient les statues colossales en marbre de Septime Sévère et de Julia Donna dont on voit la tête du premier et les fragments de tête de la seconde placés contre le mur du musée.

Du haut du perron la vue embrasse le forum tout entier et les monuments qui s'étendent derrière.

(13). — A, gauche l'arc dédié à Caracalla superbe monument que lors de la conquête de l'Algérie le duc d'Orléans avait projeté de transporter à Paris. Cet arc fut élevé en 216 à M. Aurelius Antoninus (surnommé Caracalla) vainqueur des Bretons, des Arabes, des Parthes et des Germains alors qu'il était investi pour la 19e fois de la puissance tribunitienne, l'année suivante il était massacré sur les ordres de Macrin son préfet du prétoire qui lui succéda sur le trône impérial.

Arc de Caracalla et Tribune aux Harangues

(14). — Au sud et à gauche de l'arc précité tribune aux harangues d'où les candidats aux diverses fonctions édilitaires prononçaient leurs discours et où étaient faits les éloges des riches défunts.

(15). — Derrière et au nord de l'arc de Caracalla, basilica vestiaria, marché aux vêtements.

(16). — En franchissant à nouveau l'arc de triomphe pour rentrer dans le forum on voit un ensemble de bassins. C'est le lacus ou château d'eau qui alimentait les fontaines et les maisons placées en contre-bas.

(17). — Après avoir traversé à nouveau le forum et avoir franchi la porte est, continuer à suivre le petit cardo; on voit sur la gauche les ruines d'un édifice fort vaste qui était la maison de Castorius qui disposait de 27 pièces et de deux bains particuliers dont l'un contre le cardo, avec alveus et baignoire. Castorius était le chef d'une famille d'où sortirent des jurisconsultes.

(18). — Au sud de cette maison, temple dit du Centre élevé à une divinité qui n'a pu être indiquée, il est très ruiné et borde une petite voie décumane reliant le petit et le grand cardo.

(19). — De l'autre côté de cette rue, maison de l'Asinus Nica; son propriétaire est resté inconnu et ce nom provient de l'inscription sur mosaïque qui y a été relevée et transportée au musée. Une autre mosaïque représentant le classique triomphe d'Amphitrite y a été aussi découverte. Pendant les jours de canicule de petits bassins répandaient la fraîcheur, tandis que des oiseaux placés dans des cages comme cela a été constaté à Pompéï charmaient de leurs chants le maître de céans qui devait être un riche désœuvré.

20. — Contigu à cette maison, se trouve un temple élevé à RI GENETRICI: s'agit-il de Vénus ou de Tellus, la terminaison au datif Veneri ou

Telluri étant la même, on reste dans le doute. Cependant, hors des murs, il fut trouvé, il y a quelques années, une inscription dédiée à la Terre qui enfante (les moissons). Il ne pouvait donc y avoir deux textes et deux temples érigés à la même divinité. On pourrait donc en conclure qu'il s'agit ici de Vénus. Ce monument, parfaitement soigné, a les colonnes du pronaos en granit bleuâtre, et celles du périptère en marbre blanc veiné de noir. Au-dessus de la porte d'entrée, très vaste, se trouvait une ouverture carrée destinée à éclairer l'intérieur et qui devait être garnie de claustra. La plate-forme de ce temple était accessible par un escalier de 12 marches, devant lequel s'étend une vaste place dallée ornée d'une colonnade sur ses trois faces. C'est là que les assistants, à l'abri des rayons solaires ou de la pluie, se réunissaient pour assister aux sacrifices et aux cérémonies religieuses.

21. — Descendant par le côté nord de ce portique, on se trouve sur une vaste place dallée qui est le forum vetus, le vieux forum. A droite et à gauche, des bases honorifiques qui supportaient les statues des empereurs, des divinités et des personnages importants de la cité. Cette place mesure plus de 2.000 mètres carrés. Au Sud elle est ornée de portiques, elle était garnie de toutes sortes d'édicules dont une tribune aux harangues. On y voit une dédicace à la piété de l'empereur Hadrien.

22. — Sur la gauche, basilique civile. C'était le tribunal et le lieu où se discutaient par mauvais

temps les affaires. Elle fut édifiée au IV° siècle sur l'ordre de Ceonius Cecina Albinus, gouverneur de Numidie.

23. — A l'Est du monument précité, le Capitole, temple consacré comme dans toutes les villes romaines, à la triade divine: Jupiter, Junon et Minerve. Les 8 colonnes du pronaos, dont deux latérales, gisent sur le sol, leurs tambours mesuraient 1 m. 45 de diamètre, ce qui donne une hauteur de 15 mètres avec leurs chapiteaux. Comme les architectes de cette construction avaient remarqué la fragilité de la pierre employée, ils avaient fait revêtir les colonnes d'un stuc préservateur dont on voit encore les traces. Les fouilles pratiquées récemment dans les sous-sols du temple (favissœ) ont mis à jour le torse en deux fragments d'une statue colossale de Jupiter en marbre blanc, de près d'un mètre cinquante de largeur d'épaule; on retrouva aussi une main et des doigts.

24. — En face le temple, autel des sacrifices sur lequel sont sculptés un petit autel avec son feu allumé, le sacrificateur assommant le taureau avec la masse, l'animal est attaché au sol par une corde, le couteau, la patère, l'aiguière aux libations et en bas un coq et un bélier. Dans ces sculptures aucune proportion n'a guidé l'ouvrier qui les a exécutées. A côté de cet autel, dans le dallage du forum, se voit encore le trou dans lequel était scellé l'anneau qui servait à attacher les animaux.

25. — A l'Est du Capitole se trouve la Curie, salle du Sénat ou Conseil municipal. Elle était richement revêtue de marbre et dallée de même matière. Au fond, l'estrade réservée aux magistrats, entourée d'un dallage d'onyx. Devant le vestibule, dédicace au Génie de la Colonie de Cuicul par L. Flavius qui avait été comblé d'honneurs.

26. — A l'Est du Capitole petite maison avec ses latrines munies du tout-à-l'égout; elle est séparée du vieux forum par un petit cardo et borde une petit décumane.

27. — Le long de cette petite voie, thermes de Terentius du nom indiqué sur l'inscription qu'on y a trouvée. Au milieu de la construction existe un puits de 17 mètres de profondeur en parfait état et qui contient encore de l'eau.

28. — En passant derrière les favissœ du Capitole, établissement balnéaire avec deux piscines à eau froide. Il y existe une cave éclairée par un soupirail aux ouvertures taillées dans une seule dalle.

29. — Au Nord de ces bains, latrines publiques en très bon état; elles communiquaient avec le petit cardo. C'est dans ces parages que se poursuivent actuellement les fouilles: elles mettent à jour des maisons particulières.

30. — Située entre un petit cardo et le grand cardo s'étend une somptueuse demeure avec triclinium, au seuil dallé de marbre rouge et dont

la mosaïque représentait l'enlèvement d'Europe transportée au Musée. La façade de cette maison dont l'heureux occupant nous reste inconnu, se trouvait sur la grande voie susnommée. On y voit des bains particuliers et de nombreuses chambres. Une cascade était disposée dans le bassin de l'atrium qui était entouré de colonnes graciles à chapiteaux ioniques. En dessous a été creusée une grande cave.

On peut voir dans une pièce trois auges, ce qui semblerait indiquer une écurie comme on en voit dans les ruines de Madaure.

31. — Nous allons remonter maintenant le grand cardo, la grande voie dallée, direction Nord-Sud qui était bordée de colonnes et de portiques. C'est sur son côté droit que l'on voit l'effet des effondrements causés par les affouillements des eaux de l'Oued Djemila. A même les murs des sous-sols du Capitole et sur leur côté Est, a été édifié un marché monumental dû à la munificienne de P. Cosinius qui, originaire de Carthage, était venu établir ses pénates à Cuicul où il fut pourvu de tous les honneurs et où il devint flamine perpétuel ainsi que nous l'apprend l'inscription encastrée à côté du pouderarium, lieu de pesage, dans le mur de soutènement de la basilique judiciaire. P. Cosinius de la tribu Arnensis, flamine perpétuel, a fait (ce marché) de ses deniers personnels.

Ce marché (Macellum) qui a une entrée sur un petit décumane et la principale sur le grand

cardo, était entouré de dix-sept stalles de marchands qui vendaient leurs denrées sur des
tables de pierre après s'être glissés sous les dites
tables pour pénétrer dans la boutique et se trouver face aux acheteurs. Divers attributs indi-
quent les marchandises que chacun vendait. Le
tout était entouré d'une colonnade supportant
un toit. Au milieu, un joli bassin entouré de
colonnes supportant aussi un toiture, donnait

Marché de Cosinius

une eau abondante et pure pour les divers besoins du marché. Une communication existait
avec les sous-sols du Capitole; elle fut bouchée,
comme on peut s'en rendre compte, peut-être à
l'époque de la construction de ce marché. A côté
de la dédicace, table des mesures pour les liquides, vin et huile, et pour les céréales avec étalon

de mesure de longueur. Dans le mur, 10 trous ronds dans lesquels on devait introduire les rondins auxquels on accrochait les balances romaines.

32. — Prison située contre le marché, sous la basilique judiciaire. Un des carceres a sa voûte effondrée, l'autre est intact avec les traces de scellement de sa double porte. Ils communiquaient ensemble. Devant le premier local, une sorte d'antichambre, le tout sans aucune lumière, véritables in pace dans lesquels les prisonniers devaient passer des heures atroces.

33. — Nous continuons à remonter le grand cardo sous lequel on remarque l'égout collecteur et sur les dalles les traces des roues des chars qui apportaient les denrées jusqu'au forum novum.

34. — Au coin de la maison de Castorius, dont nous avons déjà parlé et contre une porte monumentale sur la voie, fontaine publique.

35. — Nous repassons maintenant sur le côté Est du forum novum devant l'arc de Caracalla et nous trouvons sur la droite une curieuse fontaine. Un bassin aux dalles debout, encastrées dans des montants ouvragés dont le centre est occupé par un grand cône creusé sur toute sa hauteur pour le logement du tuyau de plomb qui amenait l'eau au sommet. Le liquide se répandait en nappe tout le long du cône pour remplir le bassin. Cette fontaine devait être très fréquentée et alimenter un quartier populeux

des alentours qui n'est pas encore déblayé, car les bords du bassin sont rongés par les récipients surtout selon toute évidence seaux en bois à cercles métalliques avec lequels on venait puiser l'eau. Le trop-plein s'écoulait dans l'égout central par un conduit, grillé par une pierre ajourée en rosace.

La Fontaine Conique

36. — Un peu plus haut et du même côté du cardo, des escaliers nous conduisant à un terre-plein corrigeant la pente de la rue et qui, bor-

dant les grands thermes, supportait un portique à douze travées. On peut accéder aussi à cet important monument en remontant un peu plus haut et y entrer de plein-pied en franchissant les seules marches de trottoir et du seuil. Il était fermé par une vaste porte à deux vantaux dont on voit encore l'emplacement des crapaudines et les logements des verrous.

Ces thermes devaient servir à recevoir une bonne partie de la population qui venait s'y livrer à la conversation, aux bains et aux jeux gymniques et s'y chauffait durant les froides journées d'hiver, si l'on en juge par la salle située à droite de l'entrée et où l'on voit une trentaines de sièges de latrines disposés sur le pourtour de son rectangle.

Après la salle d'entrée, la compartimentation est disposée à peu près comme dans tous les établissements similaires antiques.

Après avoir passé devant le balnearius qui était vraisemblablement l'adjudicataire des bains, les clients entraient sur la gauche dans un vaste Ephebeum ou salle d'exercices, de 31 mètres de long sur 13 mètres de large. Ils passaient ensuite dans le vestiaire ou apodyterium où des esclaves dénommés capsarii étaient chargés de la garde des vêtements; une petite pièce voisine semble avoir été le lieu où se tenaient ces esclaves.

Venait ensuite pour la gradation de la température, le frigidarium avec piscine à eau froide:

le sol de cette salle était garni d'une belle mosaïque qui est au musée.

Les Grands Thermes

Les clients passaient après à une température
tiède dans le tepidarium avant d'atteindre le
caldarium où les esclaves massaient les corps
des baigneurs, les frottaient avec les strigiles
pour extraire de la peau la sueur et les impure-
tés et les oignaient d'huiles parfumées pour as-
souplir le corps. ces parfums étaient en réserve
dans l'elœothesium. A remarquer quatre énormes fourneaux qui étaient chauffés par des
esclaves et qui répandaient leur chaleur non
seulement dans les hypocauste des sous-sols,
dont on voit encore les restes, mais dans les pa-

rois des murs, ce qui était un véritable chauffage
central. Les salles étaient richement plaquées de
marbre et les portes placées en dehors de la ver-
ticale se fermaient par suite, d'elles-mêmes,
système ingénieux qui évitait les déperditions
de températures. Les bains terminés, exsudation
ou balneum, les clients suivaient la même gradation de température pour se rendre à l'ephebeum
et se livrer aux exercices du corps s'ils le dési-
raient, sous la direction de professeurs dénommés excitatores. Une citerne située dans les dépendances des bâtiments emmagasinait les
réserves d'eau qui devaient pourvoir abondam-
ment ces vastes thermes.

37. — En dessous des grands thermes et en
contre-bas à l'Ouest, se trouve une magnifique
et monumentale fontaine. Un mur de fond avec
deux montants d'encadrement carrés à chapiteaux corinthiens et en avant deux colonnes de
même style supportant une architecture cou-
ronnée d'un fronton triangulaire; devant, un
vaste bassin auquel on accédait par des marches
au nombre de deux et de trois par un escalier
placé sur la gauche.

38. — La visite de la splendide cité étant terminée, rendons-nous au Musée.

Sur une place aménagée dans la verdure,
musée lapidaire: stèles, sarcophages, etc... A
remarquer de nombreux monuments consacrés à
Saturne dont le sommet se termine en triangle
avec ou sans acrotères par transmission dans

la religion romaine des cultes de Baal et Tanit
et de l'architecture de leurs stèles à Saturne et à
Junon Cælestis.

Sur le pourtour du bâtiment, tête monumentale en marbre de Septime Sévère, en fort bon
état; à côté, fragments de celle de l'impératrice
Julia Domna, cadran solaire, nombreuses statues plus ou moins mutilées. Le musée se compose de deux salles.

La première contient les vitrines dans lesquelles sont renfermées les monnaies, instruments
divers, bronzes, fers, verres et poteries trouvés
dans les fouilles, tuyaux de plomb, tuiles avec
leurs liens de plomb, etc... Les murs sont tapis-
sés de mosaïques.

La deuxième salle est réservée exclusivement
à ce genre d'antiquités, ses murs et son sol en
sont recouverts. A remarquer celle de la basilique épiscopale contenant l'inscription de Cresconius et l'enlèvement d'Europe par Jupiter
changé en taureau. Un triomphe d'Amphitrite,
des pavements de triclinia avec leurs variétés de
gibiers et de poissons.

Quelques mosaïques ont été appliquées sur les
murs extérieurs sur les endroits bien abrités et
dont l'une provient de l'ephebeum des grands
thermes.

Les visiteurs sont priés, avant de sortir du
Musée, d'apposer leurs signatures sur le livre
d'or, qui contient les noms et les réflexions des

plus hautes personnalités françaises et étrangè-res.

Les fouilles de Djemila-Cuicul ont été com-mencées en 1909. A ce moment, de nombreux jardins indigènes couvraient le sol, arrosés par les eaux de l'antique source romaine. L'arc de Caracalla qui avait tant attiré l'attention du dus d'Orléans émergaient en partie du sol, ainsi que le mur Est du temple Septimien.

C'est à cette époque que le Gouvernement général et le Service des Monuments historiques, après avoir racheté le sol à leurs propriétaires, décidèrent de commencer les fouilles qui furent confiées à M. de Crésolles, Administrateur en retraite. Celui-ci les dirigea avec une rare compé-tence. La ville morte ressucitait à nouveau: ses monuments renaissaient, ses colonnes étaient re-levées.

M. Ballu, Architecte des Monuments histori-ques, qui faisait poursuivre le déblaiement de Timgad s'attaqua à celui de Djemila. Au décès de M. de Crésolles, en 1917, ce fut son beau-père, M. de Salvan, qui, pendant trois ans, continua ce travail jusqu'à sa mort survenue en 1920. C'est alors que sa fille, veuve de M. de Crésolles, fut chargée par la confiance de ses chefs dé continuer les travaux dont, depuis cette époque, elle s'acquitte avec un rare mérite.

Depuis 16 ans, de nombreux quartiers ont été exhumés. Mais il y a encore de longues années de travaux pour mettre à jour toute l'antique cité

et ensuite il y a nécessité continuelle de préser-
ver les monuments d'une nouvelle ruine par un
entretien de chaque jour. Pour restaurer, il y a
4 ans, l'arc de Caracalla qui menaçait de s'ef-
fondrer, il fallut exécuter un travail gigantesque
et en raison de la hauteur du monument, construire en façade un mur fort haut sur lequel
étaient placés les instruments de levage pour
remettre en place les énormes pierres du couron-
nement.

Deux routes, par Saint-Arnaud et par Mila,
permettent l'accès et la visite des ruines qui est
encore facilitée par le développement de l'auto-
mobilisme.

ZANA

DIANA VETERANORVM

En passant par la belle route de Sétif à Batna par Ampère et Bernelle, et en traversant ce dernier centre on tourne à gauche pour prendre la direction de Pasteur.

Après avoir franchi un col on voit dans la vaste plaine apparaître des constructions qui dominent le paysage.

Nous sommes à 17 kilomètres de Bernelle sur l'emplacement de l'antique cité de Diana Veteranorum, ville fondée de toutes pièces, au 1er siècle de notre ère, consacrée à Diane en raison de l'abondance du gibier dans la région. Elle fut bâtie par des vétérans de la IIIe légion Auguste qui avaient reçu avec leur pécule et le congé impérial accordé après 25 ans de services un territoire fertile à coloniser. Face à droite à environ 300 mètres de la route se dresse l'arc à trois portes dédié à Macrin et à Diadumenien en l'an 217. Ce monument jalonne le forum et le grand cardo qui passait sous son ouverture médiane. Ses baies sont en partie obstruées par des pierres de taille arrachées aux monuments voisins par les Byzantins qui l'avaient incorporé dans un fortin : deux mètres de terres ou de débris ensevelissent sa base; des colonnes encadraient ses deux petites portes. A 150 mètres de cet édifice et marquant le grand décumane s'élève un autre arc antérieur d'un demi-siècle. Il fut élevé par les Dianensiens à la gloire des empereurs Marc Aurèle et Lucius Verus, en l'an 165. Il est à une

Arc de Macrin et Diaduménien
Arc de Marc-Aurèle et de Lucius Verus

seule porte monumentale ornée sur chacune de ses faces de deux colonnes d'ordre corinthien. Celles de l'Est ont disparu. L'intrados de chacun de ses voussoirs est sculpté d'ornements, et à la clef de voûte se voit une tête de Diane. Plus vers l'Est, ruines du fort byzantin avec la cour pour le logement des chevaux. Dans la direction du Sud on peut remarquer un autre arc fort curieux. C'était l'entrée du parvis du temple de Diane. Contrairement à toutes les règles de l'architecture et de la gravité, la clef de voûte est placée sans dessus-dessous, le côté long de son trapèze étant à la partie inférieure. Cette disposition aurait dû être une cause de ruine et d'écroulement de cette porte. Loin de là, elle n'a pas bronché et depuis 1760 ans elle a résisté dans cette position aux injures du temps aux tremblements de terre et aux lois de la pesanteur.

L'inscription dédicatoire de ce monument élevé par un duumvir git sur le sol.

Diana ne semble pas avoir eu une origine préromaine, son nom, entièrement latin l'indique. Elle était un point de concentration romaine au milieu d'autres cités ayant le préfixe phénicien Lam, aphérèse de El Am: Lamigiga (Pasteur), Lamasba (Merouana), Lamsorta (Bernelle).

Sur le forum existent les ruines d'une basilique byzantine à trois nefs de 33 mètres de long sur 17^m20 de large.

Au VIIe siècle d'après les auteurs arabes Diana était encore une grande et forte ville. D'après Moulaï Ahmed elle avait un prince chef des chrétiens du pays. Elle fut détruite en 935 par le gouverneur du Zab à la suite d'une rebellion.

Témoin de cette destruction, le sol est partout jonché de pierres taillées, d'inscriptions, de

Porte - Temple de Diane

seuils de portes indiquant l'alignement des rues. Recouverte de son linceul millénaire qui en quelques endroits n'excède pas quelques centimètres elle doit receler encore ses mosaïques, ses bronzes et ses poteries dont de nombreux morceaux très fragmentés sont épars de tous côtés.

La visite de ces lieux vaut bien le détour de
17 kilomètres à parcourir pour y arriver, distance qui est gagnée en allant à Batna par le col du
Talmet. Cette route qui passe à 1.600 mètres
d'altitude traverse des forêts de cèdres séculaires
et fait découvrir au fur et à mesure de l'ascension un panomara vertigineux et grandiose.

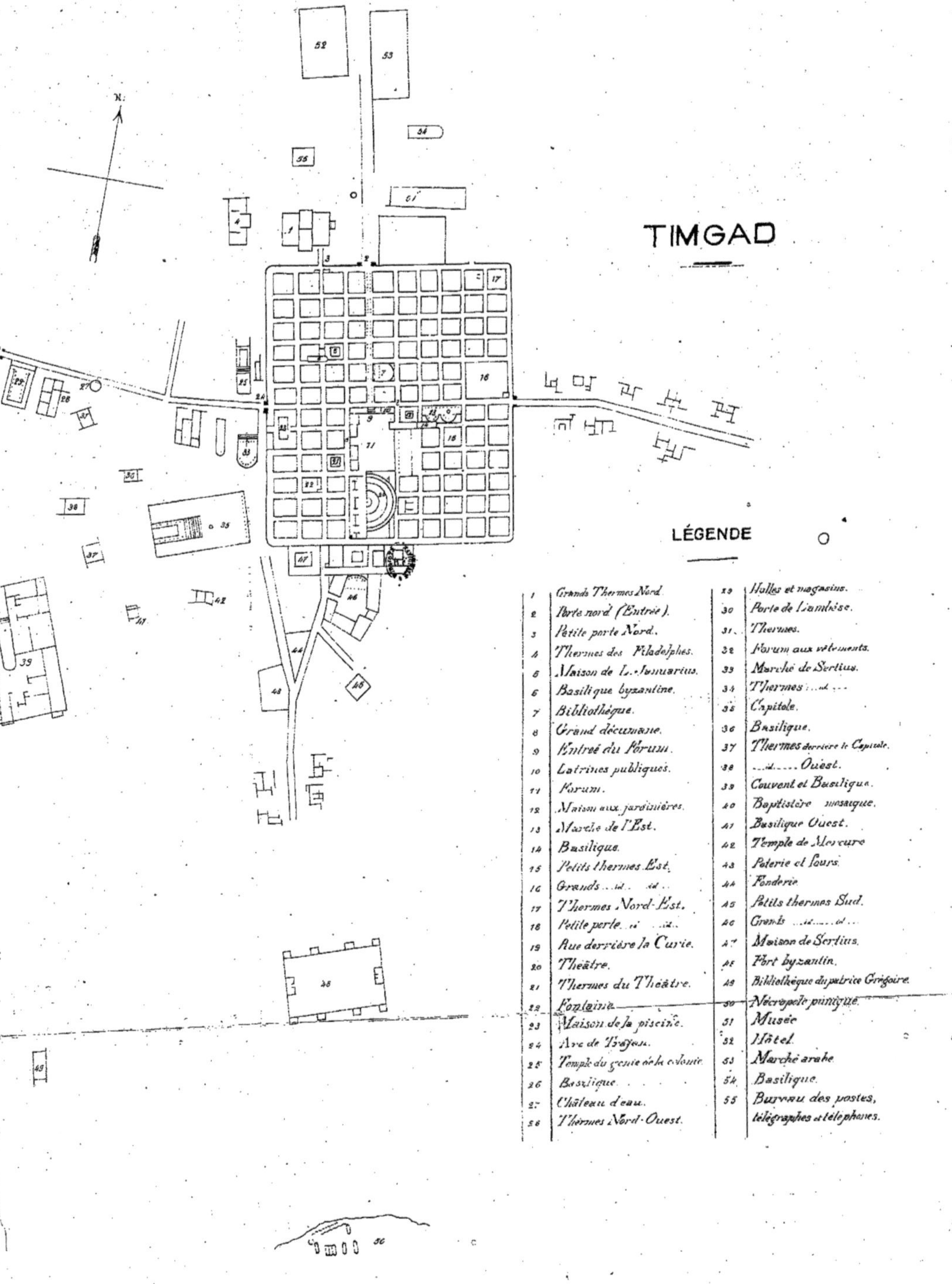

TIMGAD
LÉGENDE
1 Grands Thermes Nord.
2 Porte nord (Entrée).
3 Petite porte Nord.
4 Thermes des Filadelphes.
5 Maison de L. Januarius.
6 Basilique byzantine.
7 Bibliothèque.
8 Grand décumane.
9 Entrée du Forum.
10 Latrines publiques.
11 Forum.
12 Maison aux jardinières.
13 Marché de l'Est.
14 Basilique.
15 Petits thermes Est.
16 Grands id. id.
17 Thermes Nord-Est.
18 Petite perte id. id.
19 Rue derrière la Curie.
20 Théâtre.
21 Thermes du Théâtre.
22 Fontaine.
23 Maison de la piscine.
24 Arc de Trajan.
25 Temple du génie de la colonie.
26 Basilique.
27 Château d'eau.
28 Thermes Nord-Ouest.
29 Halles et magasins.
30 Porte de Lambèse.
31 Thermes.
32 Forum aux vêtements.
33 Marché de Sertius.
34 Thermes id.
35 Capitole.
36 Basilique.
37 Thermes derrière le Capitole.
38 id. Ouest.
39 Couvent et Basilique.
40 Baptistère mosaïque.
41 Basilique Ouest.
42 Temple de Mercure.
43 Poterie et fours.
44 Fonderie.
45 Petits thermes Sud.
46 Grands id. id.
47 Maison de Sertius.
48 Fort byzantin.
49 Bibliothèque du patrice Grégoire.
50 Nécropole punique.
51 Musée.
52 Hôtel.
53 Marché arabe.
54 Basilique.
55 Bureau des postes, télégraphes et téléphones.

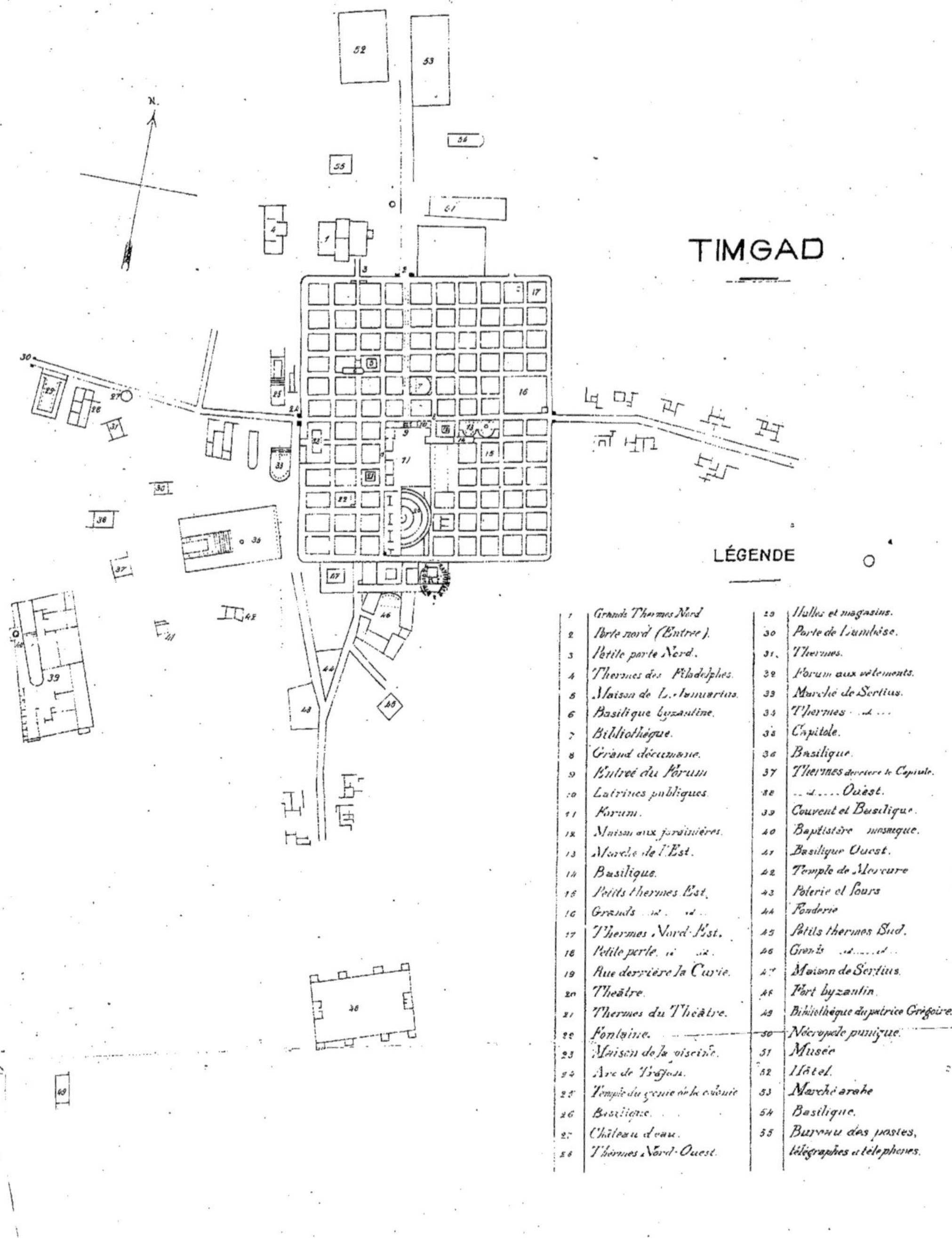

TIMGAD
N.
LÉGENDE
1 Grands Thermes Nord
2 Porte nord (Entrée).
3 Petite porte Nord.
4 Thermes des Filadelphes.
5 Maison de L. Januarius.
6 Basilique byzantine.
7 Bibliothèque.
8 Grand décumane.
9 Entreé du Forum
10 Latrines publiques.
11 Forum.
12 Maison aux jardinières.
13 Marché de l'Est.
14 Basilique.
15 Petits thermes Est.
16 Grands ... ...
17 Thermes Nord-Est.
18 Petite perte ... ...
19 Rue derrière la Curie.
20 Théâtre.
21 Thermes du Théâtre.
22 Fontaine.
23 Maison de la piscine.
24 Arc de Trajan.
25 Temple du génie de la colonie
26 Basilique.
27 Château d'eau.
28 Thermes Nord-Ouest.
29 Halles et magasins.
30 Porte de Lambèse.
31 Thermes.
32 Forum aux vêtements.
33 Marché de Sertius.
34 Thermes ... ...
35 Capitole.
36 Basilique.
37 Thermes derrière le Capitole.
38 ... ... Ouest.
39 Couvent et Basilique.
40 Baptistère mosaïque.
41 Basilique Ouest.
42 Temple de Mercure
43 Poterie et fours
44 Fonderie
45 Petits thermes Sud.
46 Grenis ... ...
47 Maison de Sertius.
48 Fort byzantin.
49 Bibliothèque du patrice Grégoire.
50 Nécropole punique.
51 Musée
52 Hôtel.
53 Marché arabe
54 Basilique.
55 Bureau des postes, télégraphes et téléphones.

LE MEDRACEN - LAMBÈSE

TIMGAD - TAMVGADI

On accède actuellement aux ruines de l'antique Thamugadi par Batna.

Une excellente route y conduit, celle qui longe les chaînes de l'Aurès allant jusqu'à Tébessa après avoir traversé Khenchela, l'ancienne Mascula. Le parcours n'est que de 37 kilomètres dont 10 de Batna à Lambèse et 27 de cette dernière localité à Timgad.

Sous peu une voie nouvelle se branchant à Aïn Yagout, sur la grande route de Constantine à Batna et Biskra, sera livrée à la circulation. ,

Elle passera au pied du Medracen, atteignant ensuite El Madher, puis franchissant le Col du Forer, site admirable placé à 1.400 mètres d'altitude, elle rejoindra à Sidi Mançar la route citée plus haut.

Le trajet au départ de Constantine par cet itinéraire ne comportera que 135 kilomètres au lieu de 157 par Batna. Il permettra aux voyageurs de se restaurer, s'ils le désirent, à Aïn Yagout en attendant d'être mieux traités à Timgad.

Le Medracen dont nous venons de parler est bien digne d'une visite. Enorme tombeau royal cylindrique de 160 mètres de tour, orné de 60 colonnes engagées à mi-corps, d'ordre dorique, séparées de 2^m85 d'axe en axe, ayant 2^m22 de hauteur de fût. Il est coiffé de 24 rangs de gradins circulaires de 0ᵐ58 de hauteur et 0ᵐ97 de largeur. Il est évident que les gradins supérieurs ont disparu. Le tout est rempli de pierres et s'est affaissé sur le centre. Sur tout le pourtour du monument, au-dessus des colonnes, règne une énorme corniche à gorge égyptienne. L'ensemble a encore plus de 18 mètres de haut. Il est construit en grès du voisinage que le temps et la main des hommes ont rongé profondément. Les fouilles faites en 1876 par Bauchetet ont révélé l'existence d'une chambre sépulcrale vide. Dans le pays il est appelé improprement Tombeau de Syphax.

Le Medracen

Dans ce site silencieux et isolé il avait été judicieusement placé pour procurer aux personnages qui y furent ensevelis le repos, loin du bruit des hommes.

Mais si nous prenons l'itinéraire par Batna, nous traversons, comme nous l'avons dit, après un trajet de 10 kilomètres, le centre de Lambèse, noyé dans ses frondaisons.

Deux bâtiments se distinguent avant d'y arriver. En face la Maison centrale qui reçoit tous les condamnés du département dont la peine dépasse un an, et sur la gauche le Prætorium à la masse roussâtre.

Lambèse - Le Prætorium

Lambèse, l'antique Lambœsis, fut pendant trois siècles la garnison de la IIIᵉ Légion Auguste, merveilleux instrument militaire qui, avec un effectif normal de 6.000 soldats augmenté d'environ 7.000 auxiliaires, soit en tout 13.000 hommes, permit aux Romains de maintenir dans l'obéissance la Tunisie et le département de Constantine actuels.

L'antique Lambèse comprend trois parties distinctes: la ville militaire, camp de la Légion et ses dépendances, dont une partie a été recouverte par la Maison centrale; ses jardins et le village actuel, la ville civile et la ville religieuse.

Dans la partie militaire on remarque d'abord le vaste monument dénommé Prætorium ou Palais du Légat et que nous avons déjà cité. Il est élevé à l'intersection des deux grandes voies habituelles, le grand cardo et le grand décumane. C'est une sorte de vaste arc de triomphe à 4 portes, dont les ailes se développent en murailles latérales, qui était recouvert d'une toiture et qui servait de salle de réunion pour les cérémonies militaires. C'est au voisinage que l'empereur Hadrien harangua, le 1ᵉʳ juillet 128, les troupes qu'il avait fait manœuvrer sous ses yeux et dont il passait l'inspection. Ce qui nous reste de son discours est gravé sur des pierres qui sont au Musée du Louvre.

On remarque encore les vestiges de tous les bâtiments qui constituaient ces Castra Stativa, ou camp permanent: scolæ, salles de réunion des officiers et sous-officiers, local du trésor et des enseignes de la Légion, magasins d'approvisionnements, thermes à l'usage de la troupe, bassin pour baigner les pieds des chevaux, écuries, chambres des soldats, etc... L'ensemble forme un quadralitère et était entouré d'un mur d'enceinte aux bastions arrondis aux quatre angles, avec des portes monumentales qui se fermaient.

Lambèse -. Arc de Septime Sévère

En sortant du camp, dans la direction de la ville, ruines de l'arc de Commode. Vers le Sud-Est, voie Septimienne avec arc à trois baies, dédié à Septime Sévère et à côté latrines publiques dépendantes de thermes en ruines.

Plus loin, d'autres thermes sont visibles, ensuite le temple d'Esculape, dieu de la santé, puis le forum sur lequel s'élève avec son architecture et son élégance habituelles le Capitole.

Après une rapide visite de cette garnison célèbre on poursuit sa route sur Timgad.

A peine a-t-on fini de franchir les ruines de Lambèse dont les arcs et les temples sont laissés sur la droite, que l'on atteint ce qui fut Verecunda, aujourd'hui Marcouna. Un arc de triomphe, vestige de cette localité, se dresse à droite, au bord de la route, jalonnont la voie de Mascula et de Theveste. Au 28° kilomètre on traverse le centre nouvellement créé de Sidi Mançar où doit aboutir la voie par le Forer et 7 kilomètres plus loin on quitte la grande route pour se diriger à droite, vers le Sud, vers la vieille cité dont on remarque de loin le piton en forme de dent qui la domine en arrière, sur la gauche, et sa forêt de colonnes dorées par les siècles, de laquelle se détache en avant-plan une vaste construction toute blanche qui est l'hôtel.

Il y a vingt-cinq ans, un voyage à Timgad était des plus compliqués, il fallait se procurer une voiture, emporter les vivres nécessaires et parcourir péniblement 74 kilomètres aller et retour, ce qui était une fatigue considérable.

L'éminent architecte des monuments historiques, M. Ballu, qui dirigeait les fouilles commencées en 1880 par M. Duthoit, chercha à y amener un peu de ce confort qui lui manquait depuis 20 ans. En 1900 il réussit à reconduire à Timgad les anciennes eaux romaines de l'Aïn Morris, situées à trois kilomètres, ce qui permettait non seulement de soulager les travailleurs mais encore les visiteurs en facilitant le tourisme.

Cela permettait aussi de créer une petite agglomération formée du personnel occupé aux fouilles et de quelques marchands indigènes qui l'approvisionnaient.

La conduite fut poursuivie jusqu'en face de l'agence des travaux à une fontaine surmontée d'une statuette, remplissant à certains instants et sur demande le rôle du Manneken-Piss de Bruxelles. Les eaux furent conduites ensuite jusqu'au marché arabe qui y fut établi ainsi qu'à une modeste hôtellerie devenue aujourd'hui un hôtel de premier ordre.

La vie renaquît dans ces lieux voués à la désolation depuis douze siècles et les progrès de notre époque s'y rencontrent maintenant. Un bureau de postes, télégraphe et téléphone y est installé et une école sera bientôt édifiée.

En outre, l'accès des ruines est des plus faciles. A Batna on trouve de nombreuses automobiles à la disposition des visiteurs et les autobus postaux desservant Khenchela font un crochet sur Timgad pour y laisser et prendre les voyageurs et le courrier.

L'hôtel dont nous venons de parler vient d'être tout récemment agrandi (1924) et en même temps remis à neuf, avec chambres Touring-Club et tout le confort le plus désirable.

Des terrasses on y jouit d'une vue splendide sur les ruines et le paysage entier. Par les beaux soirs de lune, le spectacle est impressionnant, et après un coup d'œil d'ensemble, une visite de l'antique cité s'impose; ses colonnes, ses monuments projettent leurs ombres sur les voies dallées laissant un souvenir ineffaçable de la puissance de civilisation de la Rome éternelle.

La ville de Timgad, l'antique Thamugadi, a une origine pré-romaine. A 400 mètres environ au Sud du fort byzantin, se trouve un plateau de grès, dans lequel se voient encore les alvéoles puniques taillées à plein roc, à une, deux ou trois places séparées par une cloison ciselée à même la pierre et entourées d'une feuillure dans laquelle, s'encastraient les couvercles de ces tombes. Il doit encore en exister d'inviolées recouvertes par les terres voisines, car il y a une quinzaine d'années, alors que M. Barry était Conservateur des ruines, l'une d'elles fut ouverte en présence d'un de mes amis [1]. Elle contenait un squelette de femme dontle crâne était garni de sa chevelure, vision fugitive que le contact de l'air réduisit en poussière.

A proximité on peut voir les sillons tracés à l'aiguille et aussi l'emplacement pour les coins, travail des Romains violateurs de cette nécropole et l'exploitant pour la construction de leur ville.

Ces mêmes tombeaux se voient encore dans les carrières de même nature situées vers le Sud-Est. Quelle déduction faut-il en tirer?

---

[1] M. Raffin, architecte à Constantine.

C'est qu'il y avait aussi là, lors de la conquête romaine, un de ces nombreux comptoirs qui servaient au peuple phénicien à l'exploitation de l'hinterland et au drainage vers les ports des produits du pays, après échange avec ce qu'ils fabriquaient et vendaient.

Certes, cette influence phénicienne se retrouve dans l'architecture locale, ainsi que l'a si bien dit M. Ballu.

Quoiqu'il en soit, ce centre habité fut ruiné au cours des guerres puniques et lorsque la III° Légion Auguste se transporta de Mascula vers l'Ouest, elle trouva en cet endroit une eau abondante, un site riant, des vestiges d'habitations et elle y édifia une ville civile, en même temps qu'à Lambèse, elle y créait une cité militaire. Elle était destinée à recevoir des vétérans de cette légion et devenait par suite la ville du plaisir, ainsi qu'en témoignaient ses quatorze thermes publics, et où le rigorisme était moins profond qu'à Lambèse.

C'est à la fin du 1ᵉʳ siècle de notre ère, sous le règne de Trajan, ainsi que le prouve une inscription mentionnant le fait, que très rapidement la ville s'éleva. Située à 1.075 mètres d'altitude, en plein massif de la chaîne aurasienne, cette région réputée en tous temps par l'esprit belliqueux et indépendant de ses montagnards, elle était comme toutes les villes romaines où la situation topographique le permettait, enclose dans un carré fortifié dont les rues intérieures étaient disposées en damier. Ce quadrilatère de 350 mètres de côté était percé de 4 portes principales orientées à peu près vers les quatre points cardinaux. Entre ces portes étaient tracées les deux principales rues, celle Nord-Sud le Cardo maximus et celle Est-Ouest le Decumanus maximus, toutes les voies parallèles dans les deux sens sont des cardo, ou des décumanes.

Les deux principales rues sus-nommées sont reconnaissables à leur dallage en calcaire dur, tandis que les voies secondaires l'ont en grès. Une particularité se rencontre dans le cardo qui, au lieu de traverser la cité de bout en bout, se divise en deux parties, la première allant jusqu'au forum, la deuxième se poursuivant dans la rue qui est après le théâtre pour atteindre la partie sud. Cela tient à ce que la colline à laquelle est adossé ce monument forme obstacle au tracé direct. Elle est reconnaissable très facilement, comme nous venons de l'expliquer, à son dallage. Plus tard par suite de la prospérité de la cité qui était le centre d'un commerce et d'un transit importants par voitures, ainsi que l'indique l'usure des voies où le passage des roues a laissé des traces profondes, notamment sous l'arc de Trajan, il y eut nécessité de l'agrandir, des faubourgs furent bâtis, la longueur des voies principales prolongée et de nouvelles portes furent édifiées à leur limite.

Cette époque de splendeur se place aux IIe et IIIe siècles, mais sous Constantin et malgré les efforts de ce grand empereur, les compétitions religieuses causées par la naissance du donatisme, portèrent un coup fatal à la cité qui devint avec Baghaï le quartier général de ces schismatiques, Le donatisme s'allia aux Vandales qui finirent de ravager ce que les premiers avaient laisser subsister. Puis les Byzantins cherchant à reconquérir pour Justinien les provinces d'Afrique, continuèrent les destructions en arrachant aux monuments les matériaux destinés à la construction de leurs ouvrages militaires. Enfin l'invasion arabe, la résistance de la Kahena, cette héroïne juive de la région, amenèrent la ruine du pays. Ce qui restait de Thamugadi abandonné aux éléments, secoué par les tremblements de terre, s'ensevelit lentement sous les apports des vents, l'humus des plantes et les terres délayées par les orages et descendues des parties supérieures. Il y a 45 ans seul l'arc de Trajan émergeait en partie du sol et des tronçons de colonnes et des pierres éparses, indiquait que là avaient vécu une population de 35.000 humains.

Les matériaux employés ont été le calcaire pour les deux grandes voies et les principaux monuments, le grès, les marbres de toute couleur, l'onyx et quelquefois le granit.

VISITE DE LA VILLE

Nous allons procéder comme nous l'avons fait pour Djemila (Cuicul).

1. — Nous laissons à gauche les grands thermes nord situés en face du Musée et qui sont le plus vaste établissement de ce genre de Timgad. Généralement on ne les visite pas, les grands thermes sont en fort bon état donnant un aperçu complet de ce genre d'installation dans lesquelles les dispositions sont toujours identiques. Ces bains furent construits en dehors de l'enceinte qui ne pouvait les contenir car ils couvrent une superficie de près de 4.000 mètres.

2. — Entrée par la porte du Nord devant laquelle se déroule le grand cardo avec son égout de 1^m50 de hauteur recouvert par les dalles de la chaussée posées en oblique pour éviter l'usure des joints par le charroi et où de distance en distance sont disposées les pierres des regards pour leur nettoyage. De chaque côté de la porte existent un ou deux corps de garde, le deuxième local étant peut-être réservé à la perception des droits d'entrée dans la viile.

3. — A 60 mètres environ de cette entrée, porte secondaire dont la rue se dirige directement sur la partie sud du grand cardo désaxé, comme nous l'avons indiqué précédemment.

4. — En continuant vers l'Ouest et vers l'angle de l'enceinte, thermes des Filadelfes, nom donné à la suite de la découverte de la mosaïque qui contenait les mots: FILADELFIS VITA. Dans cette construction se trouvaient de luxueuses latrines dont le dallage en mosaïque a été transporté au Musée.

5. — Revenons vers le grand cardo et prenant le cardo situé en face de la porte secondaire, nous entrons à gauche dans le 5° décumane, c'est-à-dire la 5° voie transversale à partir de l'enceinte. Son angle est formé par la maison de Lucius Julius Januarius, riche citoyen qui possédait aussi ses bains particuliers, système qui procurait peut-être dans sa demeure une douce chaleur dans les mois d'hiver.

6. — Immédiatement à côté, basilique chrétienne à trois nerfs, construite à une époque avancée avec des colonnes provenant de monuments antérieurs. Le dallage du chœur ainsi que la table d'autel étaient en marbre rouge.

7. — Continuant la marche dans ce 5° décumane, dans la direction de l'Ouest, on rejoint le grand cardo et nous nous trouvons devant la bibliothèque municipale située sur la gauche de cette voie. C'était peut-être le plus beau monument de Thamugadi, don par testament de Rogatianaus, qui laissa à ses héritiers 400.000 sesterces (100.000 francs) pour perpétuer son souvenir dans sa ville natale. Les héritiers durent, suivant l'usage, verser une somme au moins égale pour parfaire le coût de ce somptueux édifice construit en forme d'hémicycle avec colonnes de marbre et revêtements de la même matière. On voit sur le pourtour les logettes où étaient classés les manuscrits qui étaient en rouleaux. La façade est ornée d'un magnifique portique auquel on accède par des

marches. A côté de l'entrée on peut voir l'inscription mentionnant le don de Rogatianus.

8. — Au bout du grand cardo et se branchant en T avec lui, le grand décumane avec ses garnitures latérales de colonnes formant portique, barré à l'extrémité Ouest par l'arc de Trajan.

9. — Le cardo aboutit en face l'entrée principale du forum auquel on accède par des marches; de chaque côté sont des boutiques limitées par des fontaines.

10. — A côté de la fontaine de gauche, latrines publiques avec 26 places. Les sièges, entourés

Timgad - Les Latrines Publiques

de séparations sculptées en forme de dauphin, étaient à une, deux ou trois sièges. Au milieu du mur Nord se trouvait une fontaine dont les eaux servaient à entretenir cet édicule dans le plus parfait état de propreté, entraînant à l'égout les matières solides et liquides.

11. — Pénétrons dans le forum par son entrée principale. Il est soigneusement dallé, entouré d'un portique et orné sur son côté Est de bases honorifiques qui supportaient les statues des empereurs et des personnages clarissimes de la cité. C'était le lieu ou battait le cœur de la ville, où les citoyens se réunissaient pour discuter de leurs affaires ou de politique, l'endroit de l'agitation électorale. On voit par la pensée les Thamugadiens déambulant sous les portiques, à l'abri du soleil et de la pluie, et causant avec plus ou moins d'animation. Vers le Nord-Est, une porte latérale conduit à un escalier communiquant avec les latrines publiques. De ce côté se trouve la basilique judiciaire. Sur le côté Sud étaient installées des boutiques et la sortie du forum avec porte secondaire près de la prison. Toutes ces issues étaient fermées par des grilles dont on voit encore les encastrements. A l'angle Ouest est la prison puis la loge du gardien et la curie, salle de réunion de l'ordo Thamugadensis et qui est encore garnie au fond, de l'estrade sur laquelle se tenaient les décurions ou magistrats municipaux. Nous voyons ensuite la tribune aux harangues et aussitôt après un temple dédié à la Victoire Auguste. Sur les dalles du forum, plusieurs jeux ont été gravés pour les dés, les noix et enfin au bord du portique Nord, une ins-

cription signifiant: chasser, se baigner, rire, voilà la vie, et à côté les mots OC ANAS, ceci est le canard, probablement une sorte de jeu de l'oie.

12. — En suivant le grand décumane et dans le premier îlot après la fontaine de gauche, est la maison dite aux jardinières en raison de la décoration de son atrium avec ses corbeilles de pierre, curieusement agencées et qui contenaient un viridarium, jardinet figuré aujourd'hui par des plantations d'iris.

13. — Séparé de cette dernière par une rue, on rencontre le marché de l'Est, gracieux monument à deux hémicycles garnis de tables de pierre pour l'étalage des marchands. Aucue inscription n'a été retrouvée relatant le nom du donateur qui devait être un magistrat municipal de marque.

14. — Derrière ce marché et le touchant au Sud, petite basilique chrétienne de dimensions restreintes.

15. — Au Nord-Est du marché, dont ils sont séparés par une ruelle, se trouvent les petits thermes dits de l'Est.

16. — Près de la porte de la ville, dite porte de Mascula ou de l'Est, on voit un grand établissemant de thermes qui occupe une surface de près de 1.500 mètres. Il avait ses latrines et dans son frigidarium une magnifique mosaïque transportée au Musée et représentant le triomphe de Neptune. Les dispositions de cette construction devaient être bien aménagées, mais elle a été fortement ruinée.

Tout à côté existent les vestiges d'une fontaine publique.

17. — En suivant l'enceinte de la ville et partant de cette porte et se dirigeant vers le Nord on trouve, à l'angle de la muraille, encore des bains qualifiés thermes de l'Est.

18. — Immédiatement à côté, porte secondaire.

18. — Revenons au forum et tournant immédiatement à gauche nous prendrons la rue de la Curie.

Timgad - Le Théâtre

20. — Continuons à aller vers la gauche et nous débouchons sur le côté Nord du Théâtre. Ce monument qui avait été en partie dévasté par les Byzantins pour la construction de leur

fort a été fort bien restauré au moyen des gradins que l'on y a récupérés; seule la partie supérieure a disparu.

On voit encore les piliers qui soutenaient le plancher de la scène et au-dessous du pulpitum le mur de l'avant-scène, 12 pierres creusées pour recevoir le machinisme destiné à abaisser le rideau, car dans l'antiquité cette toile, à l'ouverture du spectacle, était abaissée et relevée à la fin de la représentation. Comme dans tous les théâtres romains et comme nous l'avons dit pour Cuicul, l'orchestre placé devant la scène était garni de trois rangs de gradins réservés aux personnalités. En arrière s'en étageaient vingt-cinq rangées divisées en coins (cunéi) par des escaliers (scalæ) pour atteindre les places. Ce théâtre pouvait contenir environ 4.000 personnes. On y donnait des représentations offertes en grande partie par les riches citoyens, *ob honorem*, c'est-à-dire pour l'honneur des charges auxquelles ils avaient été élus.

Du haut des derniers gradins on jouit d'une vue incomparable sur l'ensemble des ruines. Le spectacle est poignant quand l'on pense à ce que fut cette cité morte et par l'idée on lui redonne sa vie intense des IIe et IIIe siècles en faisant évoluer ses habitants à travers ses artères, en plaçant ses marchands dans leurs boutiques, les industriels dans leurs ateliers de fondeurs, de foulons, de potiers ou autres, en faisant circuler de nombreux véhicules dans le grand décumane

et en voyant monter dans le ciel les fumées
s'échappant des fourneaux de ses innombrables
thermes.

En haut du théâtre on a découvert les restes
d'un temple élevé à une divinité restée inconnue.

21. — Prenant la rue située juste en face du
milieu du théâtre et à 40 mètres environ, nous
arrivons aux petits thermes du centre.

22. — A leur angle Ouest est une fontaine
publique.

23. — Redescendant vers le grand décuma-
ne, entre le 2ᵉ et le 3ᵉ cardo, à droite avant d'arriver à l'Arc de Trajan, maison de la piscine,
remarquable par son balineum ou bain particulier et son bassin en granit bleu formé par des
dalles encastrées dans les bases de colonnes en
marbre rose; l'extrémité du bassin avait la forme
d'un hémicycle. L'ensemble était orné de superbes mosaïques.

24. — Nous arrivons à l'extrémité de la voie
triomphale ou grand décumane de la cité primi-
tive et nous nous trouvons devant l'arc de Trajan, dont nous avions la vue de toutes parts.

Comme nous l'avons dit la partie supérieure
émergeait seule au-dessus du sol et on distingue
parfaitement la nuance plus claire de ce qui avait
été enseveli sous la poussière des siècles et les
terres d'apport. C'est un arc à 3 portes: celle du
milieu réservée aux voitures, les latérales destinées aux piétons. Au-dessus de ces dernières

dès niches ¿taient destinées à recevoir des statues, impériales vraisemblablement. Ce monument est orné sur ses deux faces de 4 colonnes

Timgad - Arc de Trajan

corinthiennes cannelées. Cet arc était primitivement la porte Ouest de la ville. Il fut probablement remanié, orné et enjolivé plus tard, lors de l'extension de la cité, peut-être à l'époque de Septime Sévère ou de Caracalla.

25. — Sortant de la première enceinte, nous entrons dans le faubourg Ouest, le décumane dont le dallage profondément rongé par les roues, a une déclivité accentuée et s'incurve vers le Nord-Ouest. Il était toujours bordé de portiques dont les colonnades ont été relevées. A droite, temple du Génie de la Colonie, édifice sur

une terrasse à laquelle on accédait par un perron de 16 marches à la cella ou naos qui était précédé d'un pronaos orné de 4 colonnes corinthiennes. Sous le monument deux favissæ au caveaux étaient destinés, comme d'habitude, à resserrer les objets du culte et les dons faits au collège des prêtres; l'aréa ou enceinte sacrée était entourée d'un portique à colonnes.

Timgad - Le Temple du Génie de la Colonie

26. — A une centaine de mètres plus loin, toujours sur la droite et en dehors du décumane, grande basilique aces ses dépendances. Elle avait 3 nefs et sa toiture était soutenue par des colonnes géminées, comme cela se voit à Tébessa et à Carthage. Il semble qu'il y ait eu encore, dans son périmètre, non seulement les logements du clergé mais encore des cellules monacales. Au

cours des fouilles il y a été trouvé de nombreuses tombes chrétiennes, sans mobilier funéraire faites de tuiles disposées en toit et qui devaient être des sépultures de moines.

27. — A 225 mètres environ de l'arc de Trajan et sur la bordure gauche du décumane, on rencontre un château d'eau (lacus). Il fut élevé par les soins et le propre argent de Liberalis pour l'honneur de sa nomination à l'édilitĕ, fonctions qu'il remplissait ou avait déjà remplies à Thysdrus (El Djem), d'où il était peut-être originaire. Ce réservoir était construit à 8 pans. Au milieu se trouvait le massif d'où l'eau jaillissait. Il était peut-être orné d'une statue de Pomone qui y fut découverte et qui a été placée au Musée.

28. — A 50 mètres de ce monument et à gauche, thermes dits du Nord-Ouest.

29. — A côté, établissement qui devait servir à entreposer des marchandises, supposition basée sur ce que le trottoir faisant face à l'entrée porte les traces de nombreux butages de roues, ce qui évoque l'hypothèse que les véhicules venaient se placer perpendiculairement à la rue pour leur déchargement par l'arrière, comme cela se pratique de nos jours. La disposition intérieure d'un portique autour d'une cour centrale donne l'illusion d'une halle servant peut-être à recevoir en gros les produits qui étaient détaillés dans les marchés de la ville.

30. — Immédiatement après, porte dite de Lambèse qui limitait le faubourg Ouest et la nouvelle enceinte de la cité, après son extension.

31. — Au voisinage a été trouvé un nouvel établissement de bains que nous ne faisons que signaler.

32. — Remontons vers l'arc de Trajan, nous trouverons aussitôt à droite le marché aux vêtements, forum vestiarium, ainsi que cela résulte d'une inscription qui y a été trouvée et qui est placée contre le mur de l'Ouest. Ce marché est curieusement dallé dans son milieu de carreaux rouges et noirs. Ce monument paraît avoir été donné à la ville par le même bienfaiteur que celui qui est voisin et dont nous allons parler.

Timgad - Marché de Sertius

33. — Ce marché, très vaste, se compose d'une grande place soigneusement dallée à la-

quelle on accède par une porte ornée de deux colonnes. Le pourtour, surélevé de deux marches, est bordé d'une magnifique colonnade qui soutenait la toiture appuyée sur les corbeaux sculptés du mur d'enceinte. Les tables des marchands étaient disposées sur tout le périmètre, dans le même genre que celles du marché de l'Est. Au centre se trouvait une fontaine. Les inscriptions nous font savoir que Marcus Faustus Sertius, ancien chef de la cavalerie auxiliaire romaine, et son épouse Cornelia Valentina élevèrent ce marché à leurs frais.

34. — Derrière le marché se trouve encore un établissement de bains.

35. — Prenant la direction du Sud nous arrivons au Capitole, temple classique de toutes les cités romaines et dédié à Jupiter, Junon et Minerve. Elevé sur une haute plate-forme, à l'extrémité d'une vaste area dallée entourée de portiques formant péribole, il est visible de tous les points de la cité. On accédait au temple par une escalier de 40 marches en partie disparu et qui était bâti sur les voûtes rampantes des caveaux. Le pourtour de la cella ou naos était entouré de 22 colonnes cannelées de style corinthien, de 1,44 de diamètre et de 16 mètres de hauteur y compris les chapiteaux. Six se trouvaient sur la façade et huit sur chaque côté du périptère. Deux ont été complètement relevés au prix d'un travail inouï étant donné le poids de chaque partie. D'un troisième on a remis en

place deux tambours, les six colonnes de façade supportaient un fronton triangulaire sculpté dont les pierres d'angles gisant sur le sol ne pèsent pas moins de 12 tonnes. Quelle puissance d'instruments de levage et quel monde d'ouvriers ne fallait-il pas pour dresser de semblables masses à une pareille hauteur. Les murs de la plate-forme sont construits avec des pierres portant leur trou de louve destiné au logement de l'anneau et des deux coins servant à recevoir le crochet du câble des grues, comme nous le faisons actuellement. Toutes ces pierres étaient reliées entre elles par des tenons à queue d'aronde scellés au plomb. Ils ont disparu dans les assises supérieures mais on voit leur encastrement. Tout autour des colonnes des côtés courait une frise de marbre dont les débris gisent sur le sol et où l'on voit des bucranes enguirlandés. On a trouvé dans les fouilles des fragments des statues divines laissant, par leurs dimensions, présumer de leur taille gigantesque. Au bas du perron, traces de l'autel aux sacrifices.

36. — A droite et au Nord du Capitole, petite basilique chrétienne.

37. — En arrière, thermes.

38. — Au Nord de ces dernières et dans la direction de l'angle Ouest du Capitole, établissement semblable.

39. — Au Sud-Ouest du Capitole, immense construction chrétienne qui contenait une vaste basilique avec toutes les dépendances du culte.

Dans la cour d'entrée, jolie fontaine dont on peut suivre tout le plan sur le sol; les dalles du bassin en étaient agréablement contournées et formaient un monument gracieux. Tout le pourtour de l'enceinte du monastère était garni de petites chambres qui devaient être les cellules.

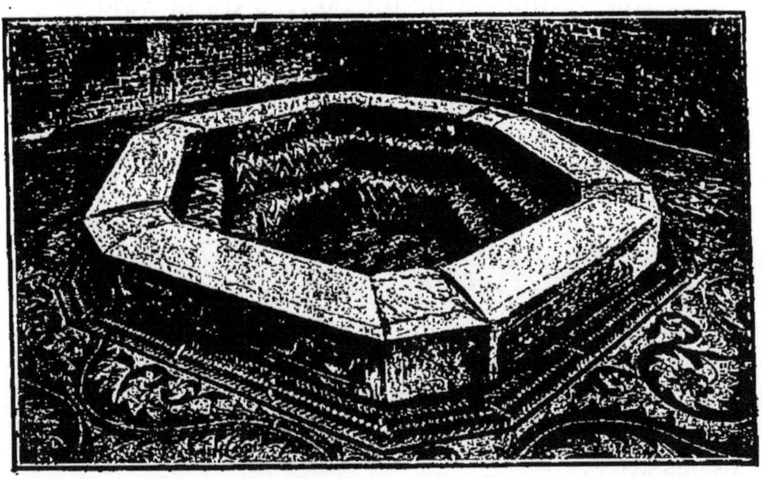

Timgad - Le Baptistère

40. — Dans le périmètre de cet ensemble est conservé intact, encore entouré de son mur, qui a été exhaussé pour supporter une toiture moderne le mettant à l'abri des intempéries et des dégradations, un superbe baptistère dont la cuve est entièrement en mosaïque. Profonde d'un mètre, garnie sur tout son pourtour de trois marches, elle est de forme hexagonale. Le sol de la salle est recouvert d'une mosaïque symbo-

lique en parfait état, à volutes, avec aux quatre angles le vase eucharistique duquel sortent des ceps de vigne.

A 30 mètres environ de l'angle Ouest du Capitole, petite basilique chrétienne de basse époque.

42. — A une cinqantaine de mètres de la voie du Capitole et dans la direction du Sud, temple passablement ruiné qui était dédié à Mercure. L'emplacement d'un sanctuaire au Dieu du Commerce, en ce lieu, s'explique par ce fait que nous approchons d'un quartier industriel et commerçant.

43. — En marchant toujours au Sud, à 30 mètres environ de cet édifice, en bordure et sur le prolongement de la voie capitoline, fabrique de poteries. Les fouilles y ont mis à jour la matière première et des lampes fabriquées. Un puits se trouvait dans la maison et fournissait l'eau nécessaire.

44. — A son voisinage et de l'autre côté de la rue, atelier de fondeur avec ses fours. On y a trouvé des débris d'ustensiles et des outils se rapportant à ce métier.

Il a été constaté, en raison des nombreuses boutiques placées en bordure de la rue, que les objets fabriqués dans les officines du quartier devaient y être vendus en détail ce qui donnait par suite une physionomie particulière à cet endroit excentrique de la cité.

L'art de la poterie était très perfectionné, son travail était délicat ainsi que l'attestent les nombreux débris ou objets trouvés dans les fouilles, notamment ce superbe et large plat placé au Musée, qui a été découvert intact dans une boutique.

45. — Continuant notre visite vers la rue qui se branche à l'Est, nous rencontrons des petits thermes.

46. — Nous ne nous y arrêterons pas. Nous revenons en arrière et nous entrons dans un splendide établissement de bains: les grands thermes Sud. Moins vaste certainement que ceux dont nous avons parlé au n° 1 mais dont on doit faire la visite méthodique. Cette construction était d'une grande richesse, ornée de mosaïques superbes et de plaques de marbre. Une pièce en forme de demi-cercle est garnie sur tout son pourtour de nombreux sièges de latrines. Elle était pourvue d'une colonnade.

En franchissant le vestibule auquel on accédait par un portique, on voit à gauche le logement du tenancier des bains; en face, à droite, l'éphœbeum ou salle d'exercices. De là on passait dans l'apodyterium ou vestiaire pius on suivait la gradation des températures: frigidarium, tepidarium, caldarium, puis l'eleothesium ou salle des parfums. Mais ce qui doit particulièrement attirer l'attention, ce sont les chambres de chauffe, voûtées en travertin, pour mieux conserver la chaleur. On y accède par des escaliers et devant l'énormité des fourneaux, on peut se rendre compte de la vie infernale que menaient les esclaves chauffeurs chargés d'entrenir ces foyers incandescents. Dans le prolongement des galeries de chauffe ont voit les magasins aux combustibles.

47. — En sortant de ces bains par le côté Ouest, nous avons dans l'îlot qui nous fait face, entre le 6ᵉ et le 7ᵉ décumane, la maison de Sertius. On distingue son atrium avec ses pièces de pourtour; en arrière, la partie réservée, le gynecée avec un bassin central qui servait de vivier. Elle avait ses bains particuliers. Une inscription a révélé le nom de ses propriétaires Sertius et sa femme Cornelia Valentina, donateurs du marché de ce nom.

48. — Vis-à-vis et à l'Est, maison de l'Hermaphrodite, nom à elle donné d'une mosaïque placée au Musée et représentant la toilette de ce bisexué. Cet édifice possède des hypocaustes et par conséquent des thermes personnels, ce qui indique qu'il était habité par un riche Thamugadien. Les deux immeubles nᵒˢ 47 et 48 sont séparés par le grand cardo sud qui, comme nous l'avons expliqué, est désaxé, mais se reconnaît à son dallage de calcaire.

Cette voie, bordée dans la direction du Sud par un faubourg très ruiné, nous conduit au fort byzantin, vaste quadrilatère flanqué de tours carrées sur chaque face. Il mesure 110 mètres de long sur 70 mètres de large. Les murs, de 2 m. 50 à 3 mètres d'épaisseur, sont construits avec des pierres de toute sorte arrachées aux monuments de la ville: cippes funéraires, corniches, colonnes, dalles de rues, etc... On conçoit par suite la dévastation du faubourg sud qui en est à proximité. Dans la hâte qu'avaient les soldats goths, de Solomon, de se mettre à l'abri des attaques, ils ramassaient les matériaux qui nécessitaient le moins de transport.

La façade sud du fort qui était destiné à barrer le col situé en face est assez bien conservée, ainsi que les côtés Est et Ouest. Par contre, le mur nord est fortement ruiné. Au milieu est une vaste cour et à droite et à gauche des prisons logées dans l'épaisseur des murailles et auxquelles on accède par des portes basses.

49. — Il existe une basilique isolée à travers les terres car elle est à plus de 250 mètres à l'Ouest du fort byzantin. On en connaît la date de construction par l'inscription qui y fut trouvée mentionnant le nom du patrice Grégoire, le dernier gouverneur byzantin qui fut tué à la bataille de Gabès à la tête de son armée, lors de l'invasion arabe (698).

50. — C'est à 350 mètres environ du fort byzantin que se trouvent les carrières de grès et la nécropole punique dont nous avons parlé au début de cet ouvrage.

51. — La visite de la ville étant terminée, les excursionnistes revenant sur leurs pas et sortant de la cité par le grand cardo et la porte Nord, se transporteront au musée dont ils feront d'abord le tour, côté Ouest et Sud. Là sont groupés les objets lapidaires, statues dont celle de l'abondance trouvée au forum, celle de Pomone découverte au château d'eau, les nymphes à la coquille exhumées des grands thermes sud, etc., des sarcophages, des stèles, des chapiteaux, des inscriptions impériales, etc... Un certain nombre de mosaïques n'ayant pu trouver place dans les salles, tapissent les murailles du côté sud, à l'abri des pluies.

Les salles ont été consacrées aux personnalités qui ont dirigé les fouilles ou s'y sont intéressées. MM. Boesviwald, Inspecteur en chef des monuments historiques; Ballu, Inspecteur; Morinaud, Député.

Le Musée renferme tous les objets trouvés lors des fouilles. Une partie est exposée extérieurement, faces Nord, Ouest et Sud. Sur la première sont disposées un certain nombre de stèles. Le côté Ouest a été réservé aux statues: Hygie et Esculape, deux dames romaines et divers autres pièces intéressantes.

Sur la face Sud, fragments d'architecture; porte de la basilique de Grégoire et autres inscriptions. Une grande mosaïque a été plaquée sur le mur.

Salle Duthoit. — Vitrines contenant des poteries, des marbres et des bronzes parmi lesquels nous signalons une merveilleuse tête de femme, un diplôme de patronat chrétien, une Vénus des dieux lares. etc.

Salle Cagnat. — Statues, statuettes et leurs fragments, parmi elles se trouvent Amphitrite et Cybèle.

Salle Bœswilwald. — Huit mosaïques ou leurs parties, Diane et Actéon, les Saisons, le Triomphe de Neptune, celle du tablinum de la maison de Sertius, la toilette de l'Hamaphrodite, celle de la tombe de la chrétienne Getula, une scène de pêche et table de jeu. Les vitrines contiennent des poids, des céréales carbonisées, des poteries, des jouets d'enfants, des balles de fronde, des monnaies et des objets de toilette.

Salle A. Ballu. — Six mosaïques dont l'Eventail, le Triomphe de la Néréïde, celle des Filadelfes, etc. Les vitrines contiennent des lampes païennes et chrétiennes.

Salle Léon Bourgeois. — Tapisserie de mosaïque dont l'une représente Vénus Anadyomène. Les vitrines renferment de magnifiques bronzes et des instruments divers.

Salle Morinaud. — Mosaïques ornementales dont l'une représente une scène romaine, Tauraux, Tombe chrétienne avec chrisme entouré d'une couronne de lauriers. Un fleuve appuyé sur une urne. Deux paires de chaussures tour-

nées en sens inverse ex voto de l'itu et reditu
— l'aller et l'heureux retour d'un marchand,
peut-être. Au centre de la salle, superbe torse
d'Apollon trouvé au forum, impeccable morceau
de sculpture.

A noter qu'une petite mosaïque obscène trouvée dans les thermes ouest et représentant un
esclave nègre, chauffeur de fourneaux, est recouverte par un panneau et montrée aux visiteurs qui le demandent.

En sortant du Musée, on peut signer sur un
registre où sont inscrits nombre de visiteurs de
marque, leurs signatures sont souvent accompa-
gnées de réflexions et de phrases d'admiration
sur ce qu'ils ont vu.

La Corniche

DE DJIDJELLI & LE CHÁBET EL AKRA

La route de Djidjelli à Bougie traverse de magnifiques forêts, longe la mer, donnant des aperçus des plus pittoresques avec ses sinuosités, ses ouvrages, ses encorbellements, ses falaises à pic, ses galeries.

Après avoir franchi l'Oued Taza et la gorge de Dar el Oued, on arrive à la magnifique grotte à stalactites dénommée Rhar Adim, vision des mille et une nuits, avec ses scintillements merveilleux.

On atteint Ziana Mansouria où la route traverse les grandes falaises et où se trouve une autre grotte de stalactites. On peut aller jusqu'à Bougie ou bifurquer à Souk el Tenin pour visiter le Chabet el Akra, les plus grandioses gorges de l'Algérie, longues de 7 kilomètres. La route qui longe l'Oued Agrioun qui aux hautes eaux mugit dans le fond du gouffre, est taillée dans le rocher qu'elle surplombe en encorbellement. Elle passe tantôt à droite, tantôt à gauche, diparaissant sous les souterrains, longeant une haute muraille de rocs au travers desquels on

aperçoit des singes s'agrippant à des arbris-
seaux tandis que dans le ciel bleu volent des

Chabet el Akra – Les Gorges, le Drâ-Kalaoui

rapaces. On quitte cette merveille de la nature
avec une impression d'un rêve trop tôt évanoui.

TÉBESSA - THÉVESTE

L'origine de Tébessa se perd dans les âges lointains. Son nom que les auteurs anciens écrivent Théveste et Thébeste paraît être un diminutif de Thébes, d'autant plus que les Grecs l'avaient dénommée Hécatonpyle, la ville aux cent portes, tout comme l'orgueilleuse capitale égyptienne. Toujours est-il que dès le IIIe siècle avant notre ère, des Carthaginois y vinrent sous la conduite d'un Hannon, peut-être appelés par des frères de Tyr établis dans la région et qui ont laissé trace de leur passage par des tombes creusées dans le roc. Des silex taillés y ont été trouvés et ils abondent dans toute la région, témoignant d'un habitat préhistorique.

Les Romains s'y établirent au Ier siècle; c'est là que fut réunie la III° légion Auguste qui lutta pendant 8 ans pour vaincre l'insurrection des Musulames et de Tacfarinas. Elle y tenait garnison à l'époque de Tibère pour de là être ramenée vers l'Ouest à Mascula et Lambèse — sous le règne de Trajan.

Théveste était une ville immense ainsi qu'en témoignent ses vestiges que l'on retrouve depuis les jardins qui sont au pied du Djebel Osmor jusqu'à la rivière et dont la ville actuelle occupe à peu près le centre.

Les troupes françaises à leur arrivée en 1851 se trouvèrent en face d'un vaste quadrilatère en pierre de taille mesurant 480 mètres sur 420, flanqué de 14 tours et percé de 3 portes. C'était là une fortification inespérée qui fut remise en état pour abriter la nouvelle garnison. Cette forteresse indiquait que l'armée byzantine qui l'avait élevée en 539 sous la conduite du général eunuque Solomon, avait eu à reconquérir le pays sur les Vandales qui s'y étaient établis en 443 et sur les tribus aurasiennes.

Les Romains en avaient fait une cité luxueuse et prospère; de riches familles y habitaient ainsi que nous allons le voir. Les monuments de cette époque qui sont arrivés jusqu'à nous sont rares.

Tout d'abord, l'arc de triomphe de Caracalla. Il est aujourd'hui une des portes de la ville. Il a été érigé en 212 sur le forum. Il est tétrapyle, c'est-à-dire à quatre ouvertures. Il fut élevé en l'honneur de la famille Septimienne, par les héritiers et sur la volonté dernière de Caïus Cornelius Egrilianus, préfet de la 14e légion Gemina qui avait légué 250.000 serterces à cet effet et une pareille somme dont le revenu devait servir à donner au peuple des bains gratuits pendant 64 jours de l'année.

Il est probable que suivant l'usage les héritiers durent parfaire d'une somme égale les largesses de leur parent.

Ce monument de style corinthien a 10m93 de haut, 8m30 jusqu'aux clefs de voûte et 4m60 d'entre-colonnement. Au-dessus subsiste encore un petit édicule à 4 colonnes qui était destiné à rece-

voir la statue de Septime Sévère; une autre construction semblable existait à côté pour celle de
Minerve; ainsi l'indique l'inscription.

Sur la frise de la façade Ouest on lit une dédicace à l'impératrice Julia Domna, mère des
camps. Sur celle de l'Est, celle du divin Septime
Sévère, son époux, et sur celle du Sud celle à
leur fils Marc Aurèle Antonin, dénommé Caracalla. La façade Nord fut martelée. Il est probable qu'elle était destinée à son frère Géta qu'il
assassina en 212 et dont il abolit la mémoire. Les
Byzantins gravèrent à sa place une inscription
rappelant la construction de Théveste par Solomon.

Les codicilles du testament d'Egrilianus sont

gravés sur le pied droit Nord-Ouest du monument.

A quelques pas de là, dans l'intérieur de l'enceinte, est un temple de style corinthien, pseudo-périptère.

Il est érigé sur un terre-plein surélevé de 4 mètres auquel on accède par un escalier. La cella en est fort belle, ornée tout le tour de sa frise de bucranes avec bandelettes et de chouettes, attribut de Minerve, des pattes desquelles s'élancent de chaque côté deux serpents. Son pronaos est décoré de colonnes de marbre blanc veiné de bleu, de 6^{m}40 de hauteur. Ce sont les chouettes qui ont fait donner à cet édifice le nom de temple de Minerve bien qu'il semble avoir été le Capitole situé sur le forum et consacré comme dans toutes les villes romaines, outre cette divinité à Junon et à Jupiter. De ce dernier on a retrouvé des fragments de statue. Ce temple sert aujourd'hui de musée.

Des thermes aujourd'hui disparus, un amphithéâtre au bord de la rivière existe encore. Tout récemment, de ce côté, à la suite de la découverte de la mosaïque du triomphe d'Amphitrite, tout un quartier antique a été mis à jour par M. Reygasse, aujourd'hui chargé du Cours de Préhistoire à la Faculté d'Alger.

Donc les Byzantins arrivant en 539 se mirent le plus vite possible à l'abri des incursions. L'arc de Caracalla servit de base à leur rempart; ils le bouchèrent puis dévastant les monuments entre autres l'amphitéâtre, ils élevèrent cès fortifications que nous voyons aujourd'hui. Elles ont un aspect grandiose et médiéval.

C'est du IVe siècle que date la grande basilique dont les ruines ont été dégagées et se trouvent à 600 mètres dans la direction Nord.

Elle a été remaniée par les Byzantins.

Tébessa - La Basilique

· C'est un monument flanqué d'un mur d'enceinte avec 12 tours dont la saillie est intérieure. On distingue le vaisseau à 3 nefs, la chapelle tréflée, les cellules des moines, le baptistère, des déambulatoires et enfin une partie où se trouvent de nombreuses auges avec leur trou d'attache pour les chevaux dans la pierre, peut-être logement de la cavalerie byzantine de l'époque.

Dans la campagne se voient de nombreuses tours isolées qui devaient être reliées par des murailles et former autant de systèmes défensifs.

Dans l'église de Tébessa ont été incorporés divers fragments précieux et fragiles de la basilique et un sarcophage chrétien sert d'autel.

MADAURE

MADAUROS - MADAURUS - M'DAOUROUCH

Le nom indigène reproduit le nom antique.

A 124 kilomètres au Nord de Tébessa, et à 26 de Souk Ahras, à la gare de Dréa, se détache un chemin de 6 kilomètres très praticable aux autos et conduisant à Madaure.

A distance le ton blanc des grès d'une partie des ruines les font apparaître comme une carrière de marbre. Ce sont surtout les maisons et les huileries qui sont construites en grès. Pour ces dernières, ses moulins circulaires, ses pressoirs avec des rigoles taillées dans la pierre conduisaient l'huile probablement suivant son degré de pression dans divers bassins également en pierre et ayant au fond une cuvette pour l'enlèvement des dépôts.

Des grands thermes en partie masqués par des constructions modernes pour le personnel occupé aux fouilles. En face du bâtiment d'exploitation, une plaque de marbre mentionne les noms des souscripteurs à l'édification d'une église. Plusieurs basiliques se remarquent encore. Le théâtre bâti contre la règle ordinaire qui les adossait à une colline, est situé au milieu de la ville. En face, un arc de triomphe dressé sur le forum a été englobé avec lui par les Byzantins pour une forteresse. Les gradins du théâtre et toutes les pierres arrachées aux différents monuments en ont fait les murs. Elle se dresse encore fière et menaçante au centre de la ville..

Madaure fut la patrie du rhéteur Apulée, fils d'un duumvir et duumvir lui-même. Sa statue avec son éloge se dressait sur le forum où existaient aussi deux autres statues de Mars, l'une vêtue et l'autre nue.

Au Sud, mausolée à deux étages, avec au rez-de-chaussée niches de columbarium, les unes carrées, les autres cintrées.

Au voisinage tombes puniques dans le roc.

TIPAZA

TIFECH

Sur un embranchement de la route de Sedrata à Dréa, à 15 kilomètres de ce dernier point. Cet embranchement est l'ancienne voie romaine remise en état. Ces ruines ont été très bouleversées par les soldats de Solomon. On y a trouvé des inscriptions puniques et libyques. On y voit des vestiges de maisons, de citernes, des thermes, un temple et le fort byzantin.

THUBURSICUM   NUMIDARUM

KHEMISSA

Ruines d'une ville très importante à 6 kilomètres au Nord de Tipaza. Splendide théâtre bien conservé, 24 rangs de gradins subsistent encore..

Khemissa - Le vieux Foru

La platea vetus, le vieux forum dans la partie haute de la ville avec au milieu son autel à Minerve, érigé par un membre de la famille Vetidia, à l'Ouest temple à colonnes de marbre de Chemtou devenu basilique chrétienne, Capitole, Curie.. On y voit encore un arc monumental à trois baies, trois thermes, plusieurs chapelles, un fortin byzantin bâti sur des thermes. Dans le ravin d'Aïn el Kebir sont alignées les cinq stèles funéraires des Vetidii.

On a découvert de nombreuses inscriptions puniques et libyques. L'alimentation en eau était assurée par un nymphée ayant à peu près la forme d'un violon. Cette pièce d'eau a été remise en état et alimentée de nouveau par la source romaine dénommée de nos jours Aïn el Youdi.

Les statues trouvées à Madaure et Khemissa ont été transportées au musée de Guelma.

EL KANTARA

CALCEUS HERCULIS

A 184 kilomètres de Constatine le voyageur éprouve la première impression d'une vision saharienne. Le train s'arrête à une petite station autour de laquelle sont groupés les différents immeubles inhérents à un point de colonisation situé dans un vaste cirque de montagnes, le Djebel Metlili dont les sommets découpés et rongés par les intempéries et les pluies millénaires ont l'aspect d'orgues immenses. Dans ce cirque coule une rivière, l'Oued El Kantara, aux sinuosités étranges, contournant des jardins, puis les abords de l'hôtel Bertrand pour ensuite se précipiter vers le Sud infini par la coupure qu'un séisme formidable a creusé fendant la roche aux filons d'albâtre. Par cette gorge sauvage passent à la fois, seule voie praticable, la rivière que franchit sur la droite le vieux pont romain restauré et d'où les indigènes ont tiré le nom du pays (El Kantara, le pont), la route, et la voie ferrée qui passe sous trois tunnels.

Le touriste, qu'il soit en chemin de fer ou en auto, ne soupçonne guère le brusque changement de paysage, le déplacement de décors qu'il aura en quelques minutes.

Tandis qu'au Nord la région est sauvage, rocheuse et désertique, à la sortie de la gorge il se trouvera dominant un océan de palmes ondulant doucement à la brise avec au loin dans le Sud l'immensité aux montagnes s'estompant dans la poussière solaire. 96.000 palmiers y règnent en maîtres dans les innombrables jardins que cultivent les habitants des villages blanc, noir et rouge, ce dernier tant aimé des peintres. Les eaux d'irrigations sont encore amenées par une canalisation romaine taillée à plein roc.

C'est que dans l'antiquité cet endroit privilégié avait été remarqué par les Romains. Un municipe qui avait ses monuments, ses temples, ses statues, s'y élevait; une troupe asiatique formée d'archers de Palmyre et d'Emèse, patrie de l'empereur Elagabale, détachée de la IIIᵉ légion Augusta y tenait garnison pour barrer le chemin aux pillards du désert. Les ruines de cette cité ont disparu sous les coups du temps et des hommes. Un patient chercheur doublé d'un archéologue, M. Gaston de Valpillières, s'occupe à en récupérer les vestiges et a constitué personnellement au village rouge, un petit musée lapidaire où il a groupé des statues mutilées, des inscriptions palmyréennes et romaines entre autres une dédicace à l'empereur Hadrien qui démontre que vers l'an 130 cette station avait une certaine splendeur.

La palmeraie d'El Kantara se développe sur 8 kilomètres le long de la rivière. On ne revoit plus mais combien moindre de végétation qu'à la fontaine des Gazelles, à El Outaia et à la ferme Dufour, immense domaine créé sous l'empire dans ce sol rebelle, par la volonté d'un homme dont le nom restera à la terre qu'il a su féconder.

Pour l'automobiliste l'horizon est borné par une chaîne rocheuse que franchissent la rivière et la voie ferrée au col des Chiens, et la route au col de Sfa. Alors s'ouvre aux yeux du voyageur un horizon sans fin avec à quelques kilomètres une immense tache sombre, c'est l'oasis de Biskra, l'antique Vescera la romaine, dont il ne reste que quelques vestiges dans le lit de la rivière.

Nos soldats débouchant en 1844 au sommet de Sfa s'écrièrent en voyant devant eux cette immensité comme jadis les dix mille de Xénophon: la mer, la mer.

BISKRA

Biskra avec ses 150.000 palmiers est à 56 kilomètres au Sud d'El Kantara.

Son climat merveilleux en hiver, son soleil vivifiant, la beauté et l'étrangeté du site, ses hôtels, son casino, ses fêtes, attirent chaque année des visiteurs de plus en plus nombreux.

La rue Berthe, large et droite, se poursuit depuis la gare jusqu'à la statue du Cardinal Lavigerie, bronze de Falguière qui fait face aux profondeurs du continent noir où lui et ses missionnaires ont réussi à vaincre l'esclavage.

Le côté gauche de la rue est bordé par un jardin public, les allées, au milieu duquel se trouve l'église catholique avec au Nord-Ouest le fort Saint-Germain, caserne de la garnison du nom d'un commandant massacré en 1849.

Ce jardin à la végétation truculente, de palmiers, ficus, caroubiers, faux-poivriers et cassiers, à la floraison touffue, à l'odeur pénétrante et capiteuse, est un lieu de prédilection et de flânerie.

La ville neuve est divisée en îlots par des rues à angle droit. Dans l'une d'elles l'Hôtel de Ville, monument de style oriental, mérite une mention particulière.

En continuant sa route vers l'Oued presque toujours à sec, mais dont le lit immense n'arrive

pas à contenir les crues terribles heureusement
rares, on arrive au parc Landon, jardin merveilleux où poussent les plantes de toutes les latitu-
des, entourant une demeure princière, la villa
Bénévent.

Biskra - La Mosquée de Sidi Khaled

Puis c'est le vieux Biskra aux ruelles étroites
bordées de murs et de maisons d'argile pétrie,
ombragées par d'énormes palmiers, ses mosquées
aux minarets dorés et patinés tel celui de Sidi

Khaled. Là, dans les jardins, sous les dattiers, poussent les orangers aux fruits d'or, les citronniers, les oliviers, les figuiers, les grenadiers, à la fleur sanglante. C'est un contraste de couleurs vives rayées de soleil qui fait vivre dans une féérie au milieu de laquelle s'agitent les femmes et les enfants aux vêtements de couleurs voyantes telles que les aiment les gens du Sud.

Les Turcs avaient élevé un fort aux sources qui alimentent la ville, à Medjenich; de cette façon ils tenaient la cité à leur discrétion. Le 4 mars 1844 les troupes françaises, sous les ordres du duc d'Aumale, s'y établirent, elles y laissèrent comme garnison une compagnie de tirailleurs sous les ordres de cinq officiers et sous-officiers français. En avril elle fut massacrée, seul le sergent-major Pelisse réussit à s'échapper et gagna Tolga; mais elle fut vengée le 18 mai suivant par des troupes qui s'établirent plus nombreuses sur l'emplacement du fort actuel de Saint-Germain, du nom d'un commandant tué en 1849 à Seriana, lors de la marche sur Zaatcha. Du fort turc, qui est situé à un kilomètre N.-E. de la gare, il ne reste plus que des ruines du haut desquelles on domine la mer de palmes qui s'étend devant les yeux.

Rentrant en ville on trouvera près du marché le quartier des Ouled Naïl, ces filles du désert aux danses originales qui viennent acquérir à la ville, aux prix de leur vertu, une dot pour retourner se marier dans leur tribu.

Du côté masculin, les Aïssaouas, disciples d'Aïssa, donnent en spectacle leurs contorsions

mystiques et leur insensibilité aux pires souf-
frances.

En tournant par la droite vers le marabout de
Sidi Lahsein on se rend aux dunes, distantes de
8 kilomètres, où les personnes ne s'enfonçant pas
davantage dans le Sud peuvent avoir un aperçu
des sables blonds qui s'étendent dans la direction d'Oumach. La mode veut que le matin on
s'y rende en auto-car ou mieux dans le goût local
à chameaux que l'on trouve à louer près du Royal
Hôtel.

Nombreuses sont les oasis qui entourent Biskra: Droh, Sediana, Garta, M'chounèche où l'on
peut aller en auto-car et qui se trouve au pied de
la masse de l'Amar-Kadou qui rosit au coucher
du soleil d'où son nom de Joue Rose.

Hammam Salahin, le bain des sanctifiés, est
d'un accès facile. Un petit tram à traction ani-
male fait le parcours de 6 kilomètres quatre fois
par jour, 8, 9, 14 et 15 heures, avec retour à 11,
12, 17 et 18 heures.

Ces eaux connues de toute antiquité puisque
les Romains y ont laissé les traces d'un établissement dénommé Ad Piscinam, sont chlorurées
sodiques sulfurées et ont une température de 46°.
Ces bains sont très fréquentés tant par les Euro-
péens que par les Indigènes. Aux environs sont
deux petits lacs clairs et profonds.

Sidi Okba est à 21 kilomètres de Biskra. C'est
la capitale religieuse du Zab, célèbre par sa mosquée, la plus ancienne de l'Algérie et le tombeau

d'Okba. L'Afrique avait été envahie par un premier flot arabe. Le khalife Maouïa, en l'an 50 de l'hégire (670 de J.-C.), avait nommé comme émir de l'Ifrikia, Okba ben Nafé. Ce dernier se mit en marche à la tête de ses hordes, fonda Kairouan (671), puis gonflé par ses succès poussa jusqu'à l'Atlantique où lançant son cheval dans les flots, il prit Allah à témoin qu'il ne restait plus de terres à donner à sa loi. Rappelé en arrière par la révolte du chef berbère Koceila, il le vainquit, puis fier de ses succès il renvoya ses troupes à Kairouan ne gardant avec lui que quelques détachements. Attaqué à Tehouda, l'antique Tabudeos dont les ruines existent encore au Nord de Sidi Okba, ses soldats furent massacrés jusqu'au dernier et Okba subit le même sort (682). on corps fut ramené et enseveli dans la mosquée voisine qui est entourée d'un portique soutenu par 26 colonnes. Okba y repose dans un tombeau à droite du Mihrab, recouvert de pièces d'étoffe de soie. Sur un pilier de la kouba est une inscription en caratères koufiques de 1ᵐ28 sur 0ᵐ19. On y lit: Ceci est le tombeau d'Okba, fils de Nafé que Dieu le reçoive dans sa miséricorde. Dans la maison du cheikh se voit un autel romain consacré au Dieu invaincu par Marcus Messius Messor, préfet de cohorte, pour son salut et celui des siens.

Nous avons parlé de la mort du Commandant Saint-Germain en 1849, lors de sa marche sur Zaatcha. Nous allons dire quelques mots sur cette oasis, sa prise et sa destruction. Elle est à

36 kilomètres de Biskra, près de Lichana. Un ancien portefaix d'Alger, Bouzian, était devenu cheikh de Zaatcha et sous prétexte de l'augmentation de l'impôt sur les palmiers, il ameuta les populations qui accoururent en foule à son appel. Le commandement songea alors à étouffer ce foyer d'insurrection et une colonne sous les ordres du colonel Canrobert se mit en marche. Le siège dura 52 jours, l'assaut fut des plus meurtriers; les partisans de Bouzian embusqués dans les ruelles étroites et derrière les palmiers, opposèrent une résistance acharnée, finalement trois colonnes convergèrent pour l'assaut final. Zaatcha tomba le 26 novembre 1849, les maisons furent rasées, les palmiers brûlés. Elle se relève à peine à présent de ses ruines, mais l'histoire de sa prise marque un des plus sanglants épisodes de la conquête.

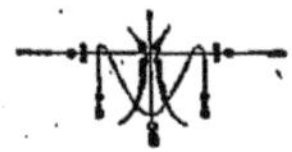

TOUGGOURT

217 kilomètres parcourus en 6 heures par un train très moderne avec restaurant, A partir de la station d'Oumach, la voie ferrée court dans les sables, qui incessamment poussés par le vent du Sud-Ouest montent à l'assaut du ruban d'acier. On traverse des agglomérations importantes telles que M'raïer dont les palmiers mouraient faute d'eau et qui a été revivifié grâce à un puits creusé par les soins du Gouvernement général et qui a atteint une couche puissante qui jaillit au forage en une véritable inondation. Ensuite c'est Djamaâ à la population bizarre, regardant tranquillement passer le train.

Plus on descend vers le Sud, plus les plantations de palmiers deviennent nombreuses, elles furent l'œuvre, il y a 45 ans, de la Société de l'Oued Rhir. Les arbres sont alignés soigneusement, quelquefois bordant l'horizon, à d'autres endroits longeant la voie ferrée. De loin en loin on voit des jardins abandonnés envahis par l'ensablement, où les palmiers deviennent stériles et s'étiolent lentement avant de mourir.

Enfin voici les vastes plantations de Moggar puis de Meggarine. Après un parcours à travers les sables, apparaît Touggourt, cité au cachet particulier qui change complètement de nos cités nord-africaines. Population mélangée à des noirs et à des mulâtres circulant sur la place du marché où sous de légers abris de toile et de roseaux se tiennent des vendeurs de produits inconnus, et de ceux de première nécessité. Les bouchers avec leur étal en plein air y débitent à côté des moutons, des quartiers de chameaux. Le puits artésien a été foré au haut de la ville, il donne une eau tiède, abondante et magnésienne qui alimente la population et sert à l'irrigation des jardins.

Touggourt - Le Puits Artésien et le Bureau Arabe

Les différents bâtiments militaires et les hôtels Transatlantique et de l'Oasis ont un aspect monumental qui tranche avec les maisons à simple rez-de-chaussée qui sont de règle dans le pays ; la plupart sont recouvertes en forme de voûte pour abriter des chaleurs estivales.

Un spectacle inoubliable est un coucher du soleil qui est très visible soit de la Casbah soit de la muraille de l'Ouest. Les teintes changent et se dégradent sur l'horizon au fur et à mesure de la disparition de l'astre du jour. Contre le mur de la ville, dans cette direction, une énorme dune monte à l'assaut de la cité et oblige à de constants déblaiements.

A l'Ouest de la ville, dans le quartier des cimetières, de l'autre côté de la dune, on voit les tombeaux des rois. Sans aucune prétention architecturale, ils ressemblent à toutes les koubas d'Algérie, tombeaux de saints, marabouts réputés, ou illustres personnages, constructions en quadrilatère coiffés d'une coupole, le tout passé à la chaux ; deux d'entre eux sont surmontés d'un dais porté par quatre colonnes.

C'est là que reposent un certain nombre de membres de la dynastie des Ben Djellab, maîtres de l'Oued Rhir pendant près de trois siècles. Cette famille était originaire de la tribu des Beni Merin ou Zenata et succéda au pouvoir au début du XV° siècle à celle de Youcef Ibn Obeïd Allah qui appartenait à la tribu des R'hira ou Senadja. Mais les Ben Djellab étaient tributaires du pacha d'Alger, et au commencement d'octobre 1552, sur leur refus de payer l'impôt à leur suzerain, Salah Raïs, une expédition se dirigea sur Touggourt qu'elle prit et tous les habitants, au nombre de 12.000 furent vendus comme esclaves. 200 ans plus tard, ce fut un bey de Constantine qui la ravit encore aux Ben Djellab, ruinant cette royauté.

En 1844 un Ben Djellab était encore cheikh de
Touggourt et il reconnut la souveraineté de la
France. Il mourut 10 ans après au moment de
l'occupation. La possession définitive de Touggourt nous fut assurée après la victoire de Meggarine (30 novembre 1854) ou le commandant
Marmier défit l'usurpateur Sliman qui s'était
emparé du pouvoir à la mort de Ben Djellab.

Dans le quartier de Balouch on voit les filles
des Ouled Naïl qui, suivant la coutume de leur
tribu, viennent dans les villes du Sud, Biskra,
Bou Saâda, Touggourt, trafiquer de leurs char-
mes pour acquérir une dot qui se compose sur-

Touggourt - Place vers la Dune

tout de bijoux. Qand elles ont acquis une petite
fortune, elles rentrent au pays pour se marier.

On les voit sur leurs portes dansant ou noncha-
lamment étendues, parées de bijoux d'or comme
des châsses.

Les zgag (rues) sont quelquefois recouvertes
de voûtes où le promeneur s'engage comme dans
un véritable tunnel. Les troncs de palmiers servant de bois de charpente soutiennent des feuil-
les du même arbre sur lesquelles une couche de
terre battue ou mélangée de plâtre forme le sol.
Le plâtre abonde du reste sous le sable. Une
curiosité est de voir le matin les condamnés à la
prison fabriquer cette matière en l'écrasant après
cuisson avec des morceaux de bois. Ils sont assis
en rond et tapent en cadence sous la surveillance
d'un gardien.

THIBILIS - HAMMAM MESKOUTINE

Qu'au départ de Constantine on choisisse le chemin de fer ou la route, on remarque à 14 kilomètres du Khroub, après le passage à niveau de Bou Nouara, sur la gauche, le Djebel Mazella couvert de dolmens. Quelques-uns sont à peine à 100 mètres de la voie ferrée. La route très pitotresque, seule utilisable pour visiter Thibilis, bifurque après Aïn Saint-Charles à la traverse de Clauzel située sur la droite. A quelques centaines de mètres après avoir légèrement dépassé la ferme du Caïd, un sentier long d'environ 500 mètres, praticable à la belle saison, conduit aux ruines de Thibilis. Elles ont été fouillées et étudiées par Bernelle et Joly. Une belle voie dallée jalonnée par deux arcs de triomphe en mauvais état y a été mise à jour.

Un fort byzantin et une basilique de même époque situés sur les hauteurs, doniment la vieille cité. Quelques-uns ont cru voir dans le nom indigène actuel Announa, le mot Annona et ce parce qu'en déblayant la basilique on y avait trouvé une quantité de grains calcinés. Or, au VI° siècle, il y avait longtemps que les dépôts de blé de l'annone n'existaient plus dans les provinces d'Afrique. Ce qu'on avait trouvé était tout simplement les offrandes des fidèles pour la nourriture des moines.

Un grand nombre de stèles funéraires monumentales en marbre blanc ont été récupérées dans le fort byzantin. Elles gisent couchées au long du grand cardo. On y remarque que la pudeur était en grand honneur à Thibilis car les défunts y sont qualifiés de pudens et pudentia.

A huit kilomètres au Nord se trouve Hammam Meskoutine. Aquæ Thibilitanæ des Romains : Les bains chauds des Damnés.

De hautes colonnes de vapeur dénoncent sa situation. Par la voie ferrée, lorsque la température est fraîche, on les voit s'élever dans l'azur.

Les eaux thermales qui jaillissent du sol ont été connues de toute antiquité. Dès la période pré-romaine, elles étaient fréquentées et devaient avoir produit des guérisons ainsi que l'attestent des stèles votives phéniciennes alignées le long du parc de l'établissement actuel au milieu de funéraires romaines. Sur un seul de ces ex-voto quelques initiales très frustes, les autres sont anépigraphes ; un d'eux, très net et poli, porte gravé au trait le signe tanitique, triangle humanisé, les bras levés à angle droit, la paume des mains tournée vers le ciel. Le même signe est sculpté sur un autre de ces petits monuments en cordon en relief. Une statue d'impératrice, sans tête, en marbre blanc, a été placée devant le portique de la maison d'habitation. Récemment une sépulture taillée dans le tuf et recouvertes de 3 dalles en terre cuite a été mise à jour ; elle est de même époque que les ex-voto précités. Détail curieux, l'esclave potier a orné ces dalles avant cuisson du sillon de ses quatre doigts longs, promenés sur l'argile en encadrement et en X.

Les eaux sortant de terre à une température de 96 degrés sont chargées de sels calcaires et émettent des vapeurs sulfureuses. Tous les canaux qu'elles parcourent sont revêtues d'un dépôt laiteux de carbonate de chaux. Elles forment une superbe cascade d'un blanc de neige encombrée de stalagmites et de concrétions aux formes arrondies. Les parties abandonnées par les eaux sont noircies par le temps. Une grande quantité de formations coniques jalonnent le plateau. Ce sont d'anciens points d'émergence qui ont grandi au fur et à mesure des dépôts formés

Hammam Meskoutine - Le Mariage Arabe

par le jet central qui a fini par s'obstruer. Ces éminences ont donné naissance à deux légendes.

L'une est le mariage arabe. Un riche arabe, Brahim, époux de Fatma, avait deux enfants, Ali, le garçon, et Ourida, la fille. Ils étaient beaux et s'aimaient tendrement. Si bien qu'un jour cet amour fraternel prit un autre sens. Ils voulurent se marier, ce qui ne déplaisait pas au père, ann de laisser ses richesses dans sa famille. Le mariage fut décidé, le cadi donna son consentement et au jour fixé pour la cérémonie, des gens des tribus voisines vinrent assister à la fête. Le soleil brillait de tous ses feux, lorsque soudain le ciel s'obscurcit, la foudre éclata, tous les assistants de la noce furent pétrifiés. A cinquante mètres environ de la cascade dont ils sont séparés par un petit vallonnement, se trouvent plusieurs cônes dont deux doubles. Ce sont le père et la mère et leurs enfants enlacés, à côté est le cadi; les invités à la noce, leurs bestiaux, leurs tentes sont tous les cônes du voisinage. Allah furieux de cet inceste avait manifesté ainsi sa colère.

L'autre légende dit que le puissant roi Salomon avait installé des bains dans tous ses états; des esclaves aveugles et sourds-muets étaient chargés de les chauffer. Ils n'ont jamais su ni entendu dire que le roi Salomon était mort depuis longtemps et ils continuent à chauffer. Légendes enfantines qui paraissent d'origine biblique et dont la première s'est modernisée avec des noms arabes ne correspondant pas aux siècles éloignés de la formation des cônes.

Les eaux ont été utilisées à l'époque romaine de merveilleuse façon: de nombreuses traces de piscines allant jusqu'à la baignoire se voient encore. C'était ainsi que l'indique le nom antique le lieu où venaient se soigner et villégiaturer non seulement les habitants de Thibilis, mais encore ceux de toutes les localités voisines peut-être même d'Hippone.

A deux kilomètres au Nord de l'établissement thermal se trouve le lac souterrain découvert fortuitement, il y a 50 ans, à la suite d'un affaissement du sol. Il mesure environ 50 mètres de long sur 30 de large et a une profondeur égale. L'eau en est très claire et fraîche; on y accède par une grotte.

GUELMA

Guelma, qui fut Calama, se trouve à 19 kilomètres de Hammam Meskoutine. En 1836 les colonnes françaises qui y arrivèrent se trouvèrent en présence d'un ensemble de ruines, vestiges d'habitations, de temples, de thermes et de théâtre. L'autorité militaire se servit des pierres éparses pour fortifier le camp français, puis établir le mur d'enceinte de la cité nouvelle.

La Calama des Romains dont l'origine toponimyque serait Malaca, mot écrit par les Phéniciens de droite à gauche et que les Romains lurent en sens inverse, signifie la Royale. Au III° siècle de notre ère elle brillait d'un éclat particulier. C'est à cette époque qu'Annia Ælia, fille d'Annius Ælius, édile, fit édifier le théâtre à la suite des libéralités testamentaires de son père. Ce monument fut déblayé il y a une vingtaine d'années puis restauré et beaucoup trop modernisé par M. Joly. Dans la Casbah se voient encore des ruines de thermes qui avec les inscriptions, statues et autres vestiges réunis au square, sont tout ce qui reste de Calama. Le théâtre renferme un petit musée dans lequel ont été placées de fort belles statues trouvées à Thibilis, Thubursicum et Madaure.

BONE - HIPPONE

A deux kilomètres au Sud de la ville de Bône se dressent deux collines dominant la vaste plaine; sur celle de droite est la basilique consacrée à Saint-Augustin. C'est sur le pourtour de celle de gauche qu'ont été découverts les restes d'Hippo Regius.

De la période pré-romaine il a été mis à jour un énorme mur de pierres posées sans aucun liant. Son caractère pélasgique l'a fait attribuer à une lointaine époque. Un emblème trinitaire placé à l'angle d'une partie de ce mur à un niveau assez bas a fait présumer en raison de ses attributs que le tout appartenait à la période phénicienne. Beaucoup d'encre a été versée à ce sujet. Quelques-uns y ont vu des murs de quai, d'autres des remparts.

La période romaine y est bien plus caractérisée. Une mosaïque superbe, la chasse aux fauves s'y étale au milieu de colonnes. Elle recouvre en partie une pêche où l'on voit figurer Hippône au bord de la mer. Des vestiges d'habitations, dans les jardins, la mosaïque du Minotaure en tous points semblable à celle qui est au musée Alaoui à Tunis, des thermes récemment mis à jour par M. Marec, promettent une ample moisson de choses antiques et la renaissance autant que faire se pourra de la malheureuse cité qui fit échec aux Vandales et où mourut le grand écrivain que fut Saint-Augustin.

CONSTANTINE
Imp. D. BRAHAM
Linotypes
—
21, Rue Caraman

www.ingramcontent.com/pod-product-compliance
Ingram Content Group UK Ltd.
Pitfield, Milton Keynes, MK11 3LW, UK
UKHW021936070726
13614UKWH00001B/467